너무나
정치적인
시골살이

너무나 정치적인 시골살이
망해가는 세계에서 더 나은 삶을 지어내기 위하여

초판 1쇄 펴낸날　2024년 9월 30일

지은이 양미	편집 이정신 이지원 김혜윤 홍주은
펴낸이 이건복	디자인 김태호
펴낸곳 도서출판 동녘	마케팅 임세현
	관리 서숙희 이주원

만든 사람들
편집 이정신　디자인 조하늘

인쇄·제본 영신사　종이 한서지업사

등록 제311-1980-01호 1980년 3월 25일
주소 (10881) 경기도 파주시 회동길 77-26
전화 영업 031-955-3000 편집 031-955-3005 팩스 031-955-3009
홈페이지 www.dongnyok.com 전자우편 editor@dongnyok.com
페이스북·인스타그램 @dongnyokpub

ISBN 978-89-7297-144-3 (03300)

- 잘못 만들어진 책은 구입처에서 바꿔 드립니다.
- 책값은 뒤표지에 쓰여 있습니다.

너무나 정치적인 시골살이

망해가는 세계에서 더 나은 삶을 지어내기 위하여

양미 지음

동녘

표지 설명

표지의 바탕은 흰색이고, 모든 요소는 짙은 녹색 한 가지를 변주해서 사용하며, 오른쪽 위를 향해 같은 기울기로 기울어 있다. 표지 맨 상단은 왼쪽에서 오른쪽 상단 모서리로 그어진 사선을 기준으로 분할되어 있고, 짙은 녹색으로 채웠다. 그 아래에는 책의 제목은 표지의 절반 이상을 차지하고, 세 줄로 배열된다. 첫째 줄에 '너무나', 둘째 줄에 '정치적인', 셋째 줄에 '시골살이'가 쓰여 있다. 제목 아래로는 제목의 폭과 같은 길이의 가느다란 선을 그어놨다. 선 아래로는 제목보다 훨씬 작은 크기로 부제가 쓰여 있다. 첫째 줄에는 '망해가는 세계에서', 둘째 줄에는 '더 나은 삶을 지어내기 위하여'가 쓰여 있다. 부제 아래에 부제보다 약간 작은 크기로 지은이를 '양미 지음'으로 표기했다. '양미 지음' 양쪽으로 겹줄이 있다. 표지 맨 하단에는 일정하게 구불구불한 파도 모양의 선이 왼쪽에서 오른쪽으로 올라가며, 그 아랫면은 녹색으로 채웠는데 이 공간을 위아래로 나눠 이 중 아랫면은 조금 밝은 녹색으로 변주했다.

(추천의 글)

테두리 존재는 어떻게 더 좋은 삶을 꿈꾸는가: 연대와 투쟁으로서의 시골살이

— 한디디(《커먼즈란 무엇인가》 저자)

이 책을 '도시' 생활에 지친 젊은이(?)가 '시골'살이를 결심한 후 겪는 뜻밖의 어려움에 대한 것이라고 생각하면 큰 오산이다. 이 책은 도시를 떠난 사람들에 대한 낭만적 기사, 혹은 시골에 도사린 전근대성에 대한 손쉬운 비판 앞에서 우리가 느꼈던 어렴풋한 위화감을 직접 횡단하는 기록이며 지금 여기서 대안적인 삶을 상상하고 그에 다가간다는 것이 무엇인지 보여주는 생생한 분투기이다.

이 책의 힘은 무엇보다 도시-시골의 이분법을 넘어서면서도 시골의 대안적 힘을 실천적으로 발견하고자 하는 저자의 의지에 있다. 저자는 싸구려 노동력-상품으로서의 삶을 거부하고 더 존엄한 삶을 위해 시골로 향하지만 그것은 거기에 더 나은 삶, 덜 자본주의적인 공간이 있어서가 아니다. 반대로 저자는 시골이야말로 자본주의를 가장 밑바닥에서, 외각에서 떠받치는 (철학자 고병권의 표현을 빌리자면) '테두리' 공간이기 때문에 그곳으로 향했다.

하청 노동자의 딸로 태어나 도시의 불안정 노동자로 살아온 저자는 스스로를 '테두리'의 존재로 인식한다. 여성이, 식민지의 백성이, 이주자가, 장애인이, 비정규노동자가, 동물이, 농민이 그렇듯이 자본주의 사회는 계속해서 테두리의 존재를 만들어낸다. 더 보잘것없으며 더 값싼 존재, 가능하면 공짜로 쓰고 버릴 무언가가 늘 필요하기 때문이다. 테두리의 존재로서 살아온 저자는 이러한 위계적 관계가 젠더, 인종, 계급 등 다양한 정체성을 넘어 공간적으로도 생산된다는 것을 눈치챈다. "모든 것이 수도권과 도시를 중심으로 해석되고 만들어지는" 동안 시골은 자본주의적 도시를 위해 수탈되는 주변부, 변방, 즉 내부의 식민지로 생산되고 기능해왔다.

저자의 시골살이는 시골의 테두리성에 대한 신체적 감각 위에서 벌어지는 철저히 정치적인 과정이다. 그것은 사회에 대한 저항의 언어와 감수성마저 도시에서 먼저 발달하고 세련되어지는 현실에 대한 저항이고, 시골에서 시골과 함께 싸우기로 하는 테두리 존재의 연대이며, 테두리 존재/공간이 바로 그 위치 때문에 끝끝내 품고 있는 대안적 힘에 대한 믿음이다. 테두리의 존재로서 "테두리의 안쪽(자본주의)이 아니라 바깥쪽을 향"하기로 한 저자에게, 자본주의의 환상을 구현하는 도시와 구분되며 자본주의를 떠받치는 공간인 시골은 도약의 장소, 로도스인 것이다.

물론 도약은 쉽지 않다. 자본주의는 도시와 시골을 특정한 방식으로 생산하며 연결한다. 어디에나 억압은 존재한다. 이러한 상황에서 테두리 밖을 향한다는 것은 "도시와 시골의 구분을 모호하게 하고 서로 뒤섞이도록 하는 것"인 동시에 다양한 구조적 힘을 거슬러 나아가기 위해 함께 스크럼을 짜는 과정일 수밖에 없다. 엉망으로 뭉개져 무엇이 문제의 핵심인지조차 알 수 없는 방식으로 삶을 억압하는 관계의 단면을 드러내기 위해 저자는 현재의 시골살이가 생산되고 얽히는 삶의 장면들을 힘껏, 꼼꼼히 찾아다닌다.

모순투성이인 시골살이의 구체적 장면들을 (재)생산하는 음험한 구조적 힘을 드러내고 다양한 이데올로기와 무수하고 복잡한 감정, 더 위태로운 자리에 있는 사람들의 보이지 않는 얼굴과 들리지 않던 목소리를 보이고 들리게 한다. 우리가 얽혀 들어가 있는 현실을 만드는 답답한 실타래를 풀어내고 그 내부로부터 우리를 새롭게 실뜨기 위한 저자의 행보는 또박또박 선명한 발자국을 남기고 길을 만든다.

저자가 말하듯이 자본주의는 사람들이 자신과 연결된 존재들의 문제(그러니까 우리 스스로의 문제)를 감응할 수 없게 만들었다. 다른 삶, 더 좋은 삶을 상상하는 능력 또한 형편없이 쪼그라들었다. 저자는 먼 나라에서 친구가 보낸 엽서를 받고 "기본권을 지키기에만 급급하지 않고, 그 이상을 상상할 수 있다는 건" 어떤 것인지 궁금했다고 말한다. 이 책은 다른 존재들과 연결되어 있는 감각을 잃지 않은 사람, 좋은 삶을 상상하는 사람이 자신의 삶으로 무엇을 할 수 있는지 보여준다.

더 촘촘한 민주주의를 위하여

―이라영(예술사회학 연구자, 《정치적인 식탁》《말을 부수는 말》 저자)

두 시간에 한 대꼴로 버스가 다니는 마을에 거주할 때 앞집 사람에게 여름이면 수박과 아이스크림을 사다 주었다. 장날에 장을 보고 들어오면서도 앞집 아주머니는 여름에 수박과 퍼먹는 통 아이스크림은 사오지 못한다고 했기 때문이다. 경운기만 몰지 자동차를 몰지 않는 앞집 사람들은 대중교통을 이용했다. 버스를 타고 장을 보러 가기 때문에 수박은 들고 오기에 너무 무겁고, 아이스크림은 버스를 타고 돌아오는 동안 다 녹는다. 시골에서 버스를 타고 다니면 대중교통 이용자의 계층과 연령, 성별이 보인다. 하지만 나는 거기까지다. 차가 없는 사람을 위해 수박과 아이스크림을 사주는 것 이상을 생각하지 못했다. 나 역시 '시골에서 운전 안 하고 어떻게 살아'라는 인식을 자연스레 장착한 사람이다.

　미디어에서는 종종 바쁜 도시 생활에 지친 사람들이 시골에 와서 여유 있게 사는 모습을 보여준다. 산을 깎아 집을 짓고 자동차로 돌아다니며 시골에서의 삶을 예찬한다. 물론 실제로 몸이 건강해졌다는 사람도 있고 말기 암 환자가 기적처럼 치유된 경우도 있으니 너무 비뚤게 바라볼 이유는 없다. 공기 좋고, 물 좋고, 인심 좋은 시골은 어떤 면에서는 사실이니까. 그렇다면 이러한 '사실'에도 불구하고 왜 우리는 지역소멸을 걱정하는 현실에 놓였는가. 왜 이 좋은 장소를 떠나 도시로 모여드는가.

　도시가 아닌 지역, 곧 시골이라 불리는 장소는 어떤 곳일까. 도시에서의 경쟁에 지친 사람들의 인간성 회복을 위한 휴식처로 여겨진다. 시골의 장소 정체성은 마치 도시인을 위한 돌봄의 장소 같다. 그곳에 오면 병이 낫고, 정신적 스트레스가 줄어들고, 건강한 음식을 먹을 수 있으며, 상대적으로 생활비가 덜 들어가는 곳이라 생각한다. 아름다운 풍경은 덤이다. 이렇게 따뜻하고 온정적인 낭만의 장소이지만 어느 순간 시골은 낙오의 장소로 변한다. 시골은 잠시 쉬러 가기에는 낭만적인 장소지만 살기 위해 가기에는 꺼려지는 곳이다. 발전주의와 능력주의는 도시를 성공의 장소로, 지역은 실패의 장소로 만들었다. 떠날 능력이 없거나 능력이 없어 돌아오는 곳. 시골에 대한 관념은 이렇게 이중적이다.

　오늘날 지역소멸을 이야기하지만, 이 문제를 해결하기 위한 정치도 진작에 소멸했다. 지역소멸은 정부가 제도적으로 지역을 방치한 결과다. 지역에서 아기 울음소리가 들리지 않는다는 진부한 표현을 접하지만, 현재 지역에 거주 중인 사람들에게도 신경 쓰지 않는다. 도시의 집값은 첨예한 정치적 문제가 되지만 지역의 주거 문제에는 인식조차 없다. 정치에 말을 얹고 싶어 하는 사람들은 미국 대선과 유럽의회에 대한 지식을 전시하지만, 우리나라 지자체에 대한 무관심과 무지함은 부끄러워하지 않는다. 다시 말해 지역소멸 위기는 도시와 선진국에만 시선을 돌린 모두가 함께 자초한 결과다. 세계의 가장자리는 서서히 소멸하고 있다.

　이 책은 치유의 장소도 낙오자들의 도피처도 아닌 시민들이 살아가는 삶의 장소로서의 지역에 대한 정치적 말하기이다. "돈 없이, 집이나 땅도 없이, 농사를 생계 수단으로 삼지 않으면서, 여자가, 혼자, 기존의 가부장적인 공동체와 어울리지 않고 살 수 있을까"라는 질문을 품고 저자 양미는 한 지역으로 이주한다. 그런데 양미는 낯선 지역으로 거주지를 옮겨 조신하게(?) 사는 게 아니라 '문제를 일으키며' 살아간다. 주거와 교통, 일자리 등 사람이 살기 위해 필요한 지극히 기본적이고 일상적인 문제를 하나하나 정치적 의제로 올려놓는다. 마을 공동체의 '며느리'가 되고 싶지 않았던 저자는 각종 악습과 구조적 모순을 정면으로 들이받는다. 책을 읽는 독자들은 환상과 낭만을 부수는 시골살이의 현실들을 마주할 것이다.

　정치는 멀리 있지 않고 우리 가까이에 있다. 제도의 틀에서 벗어나 제 삶을 적극적으로 실험해 이 체제를 교란하는 움직임이야말로 자본주의에 대한 저항이다. 저자 양미는 시골로 이주해 집과 차를 소유하지 않은 채 소비하는 인간이 아니라 만드는 인간이 되고, 땅과 교류해 먹거리를 생산하고, 생필품을 만들어가는 인간으로 거듭난다. '시골에서 차 없이 어떻게 살아'라는 생각을 여전히 버리지 못하는 내게는 무엇보다 글쓴이가 악착같이 시골에서 대중교통을 이용한다는 점이 가장 놀라웠다. 또한 저자는 지역 언론사에서 기자 활동을 하며 눈에 비친 지역 정치의 문제점들을 용감하게 들춰낸다. 멀리서 바라보는 '지역 문제'가 아니라 그 안에서 부닥치며 보고 듣고 겪은 이만이 생각할 수 있는 여러 방향의 시선이다. 시골에 대한 낭만을 걷어내고 '이상하고 수상한' 문제들을 직시하자. 우리의 지자체는 지금 어떻게 굴러가고 있는가. 왜 사람들이 떠나는지, 왜 돌아오지 않는지 솔직하게 마주해야 소멸의 원인을 찾을 수 있다. 그는 중앙 정치에서 지역 정치에 이르기까지 이 문제들을 찾아내고 대안을 제시한다. 이는 관계와 평판이 중요한 지역에서 많은 용기가 필요한 행동이다.

소비하는 사람이 아니라 만들고 고치는 사람 되기는 내게도 일상의 지향점이다. 인간과 자연이 팽팽히 맞서는 삶이 아니라 순환하고 뒤섞이는 삶을 만들어가려면 구매력보다 창의력이 필요하다. 다른 삶을 상상하기를 멈추지 않고, 바꾸기를 포기하지 않고, 질문하기를 망설이지 않는 그 용기와 추진력은 자본이 아주 싫어하는 성질이다. 더 "촘촘한 민주주의"를 위해, 도시와 시골의 구분을 모호하게 만들어 뒤섞이게 하겠다는 그의 포부를 응원한다. 양미의 상상이 현실이 되려면 양미 한 사람의 상상이 아니라 여러 사람이 함께 상상하면 된다. '눈치 없다'는 말들에 시달리는 저자의 정치적인 시골살이를 응원하며, 이 응원이 방관으로서의 응원이 아니라 더 적극적 관심을 약속하는 응원임을 밝혀둔다.

처음으로 양미를 만났던 날을 기억한다. 우린 첫 만남에서 각자가 시골에서 맞닥뜨린 온갖 경험과 고민을 한 시간여 동안 응축적으로 나눴다. 나는 그날 태어나 처음으로 권력을 갖지 않은 자가 할 수 있는 '정치'를 목격했다. '좋은 정치'는 현명한 지도자에게서 나오는 것이 아니라 좋은 삶을 꿈꾸길 포기하지 않는 시민에게서 나오는 게 아닐까. 나는 양미의 삶을 읽으며 꿈꾸는 '부지런한 시민'이 되고 싶어졌다. 양미의 삶을 만난 당신에게도 시민으로서 새로운 꿈이 생기기를 소망해본다.

—박채영(시골살이 8개월 차, 《이것도 제 삶입니다》 저자, 지역 신문 기자)

도시를 벗어난 사람은 어떻게 해야 할까? 전문가가 있는 것도 아니고, 입증된 절차가 있는 것도 아니다. 당연할지도 모르겠다. 이것은 삶의 문제니까. 양미처럼 자신이 상상하는 삶을 실현하기 위해 도시에서 나온 사람에게는 항상 어떤 수식어가 따라붙는다. '허황된', '철없는' 등의 말들이다. 그런 말에 휩쓸리지 않도록 이 책은 구체적이고 명료하게 힘을 준다. 동네 토박이와 군청 직원에게 쌓인 설움의 에너지가 꼭꼭 숨어 있던 진짜 책임자(시스템)를 향하도록, 불편했던 마을 구성원들 사이에서 이해와 소통이 흐를 수 있도록 말이다.

―네컷(시골살이 10년 차, 지역아동센터 아동복지교사)

이 책은 시골살이의 진정한 의미를 탐구하며, 단순한 도시 탈출이 아닌 주체적인 삶의 선택으로서 시골 생활을 재조명한다. 평온한 시골 일상 속에서 우리가 놓치기 쉬운 중요한 질문들을 제기하고, 내재한 사회적·정치적 현실을 직시하게 한다. 때로는 판타지를 깨뜨리면서도 나아갈 방향을 제시하며, 시골의 삶이 정치적일 수밖에 없음을 상기시킨다. 시골살이를 꿈꾸는 이들에게 현실적인 시각을 제공하고, 이미 시골에 사는 이들에게는 용기를 주며, 모두가 함께 나아갈 희망의 메시지를 전달하는 책이다.

―조서연(시골살이 5년 차, 대안학교 교사, 양육자)

(들어가는 글)

정치적인 시골살이?

　　　나는 유연한 노동시장과 불안한 삶을 고민하다가 시골로 이주했다. 가난해도 죽거나 다치거나 비참해지지 않고, 높은 삶의 질을 누리며 살 방법을 찾고 싶다. 친구들과 20평 논농사를 짓고, 마당에 내가 먹을 텃밭을 일구며, 이사 갔을 때부터 터를 잡고 있던 고양이가 사는 시골집에서 산다. 여성/노동/인권에 관심이 많아서 교육/활동을 해오고 있다. 직접만들기를 오래 해왔다. 돈을 벌어서 필요한 것을 구입하는 삶의 방식, 자본주의 방식에서 조금이라도 자유롭고 싶다. 비누나 스킨, 로션 같은 생활재, 손바느질 업사이클링, 천연 삼베 수세미 만들기, 술 만들기 워크숍도 진행한다.

유연한 노동시장과 불안한 삶 위에서

노동시장에서 유연하다는 것은 내가 언제든 소모품이 된다는 의미다. 자본주의는 언제든 쓰고 버려지는 일회용 소모품인 사람들이 필요하고, 우리는 그런 사람들을 소위 비정규노동자라고 부른다. 〈2020년 경제활동인구조사〉에 따르면 2000년대 초반부터 2011년까지 비정규노동자는 전체 노동자의 50~55퍼센트 비율을 유지하다가, 비정규노동 문제가 사회적 문제로 떠오른 후 줄어드는 추세로 지난 10년간 40퍼센트대와 30퍼센트 후반대를 유지하고 있다. 이와 별개로 4차산업과 기술개발 등으로 노동시장은 앞으로 더 다양해지고 유연해질 것을 예고하고 있다. 플랫폼 노동과 호출 노동, 프리랜서 노동, 프랜차이즈 고용 사장 등이 앞으로 변화할 노동시장의 모습을 보여준다.[1]

　　비정규직노동자로 일한다는 것은 정규직노동자 임금의 절반을 받으면서도 위험하고 힘든 일을 도맡아 해야 하며, 아프거나 다치면 개인적으로 해결해야 한다는 것도 의미한다. 임금은 최저임금이거나 최저임금에 미치지 못한다.

1　한국비정규노동센터, 〈통계로 본 한국의 비정규노동자: 2020년 8월 경제활동인구조사 근로형태별 부가조사 분석〉, 이슈페이퍼 2020-01, 한국비정규노동센터, 11쪽 참조.

여성의 경우는 더 심각하다. 여성 노동자 60퍼센트 이상은 비정규직 일자리에서 일한다. 일하는 곳은 대부분 5인 미만이거나 사장과 나 둘이서 일하는 사업장이며, 규모가 있는 사업장일지라도 용역이나 파견직으로 일한다.[2]

    열악한 고용조건은 부당한 대우에도 잘 참고 견디는 노동자를 선별한다. 대기업에 이익이 집중되는 수출주도형 산업구조에서 중소기업의 낮은 이익은 해당 일자리에서의 열악한 고용조건과 부당한 대우에 대한 좋은 핑계가 되고, 이를 오랜 시간 버텨낼 노동자는 많지 않기 때문이다. 일하다 몸과 마음을 다친 노동자는 대부분 치유의 시간을 위해 떠났다가도 생계를 위해 다시 비슷한 일자리로 돌아가기를 반복한다. 열악한 고용조건과 부당한 차별에 맞서는 노동자들도 드물게 있다. 그러나 투쟁기금도 임금 수준에 따라 적립되기 마련이다. 기나긴 싸움을 이겨낼 돈과 동료를 구하기는 어렵다. 그런 어려운 상황에서 싸움을 이어간다 하더라도 결국엔 남겨지거나 밀려난다. 세계화 시대에는 사업장들이 더 싸고 말 잘 듣는 일손이 있는 곳으로 떠나버리기 때문이다.

---

[2] 비정규노동에서도 상대적으로 나은 일반임시직이나 기간제로 일하는 경우는 50퍼센트를 넘지 못한다. 여성 비정규직노동자 대부분은 단시간 파트노동(상용파트 80.6%, 임시파트 73.0%)과 간접고용(호출노동 23.8%, 용역노동 62.7%, 파견노동 42.1%), 특수고용(위장 자영 44.8%, 재택노동 83.3%)을 떠돈다. 같은 자료, 15쪽 참조.

이런 현실이 비정규직노동자, 특히 여성 노동자를 노동조합으로 조직하기 어려운 이유다. 게다가 같은 비정규직이어도 여성이 남성보다 임금을 적게 받는다. 여성노동 단체들이 그 시작부터 여성노동의 주변화와 빈곤화에 저항해온 데는 이런 이유가 있다.[3]

마리아 미즈와 실비아 페데리치[4]는 여성 노동이 주변화되고 빈곤화되는 원인을 '가정주부화'에서 찾는다. 가정주부화란 여성을 '사적인 존재, 즉 공짜, 저렴한, 자연적인, 주부'로 만드는 과정인데 이는 가정에서 주로 여성들이 전담하는 살림을 무급화하고 여성의 노동을 '부차적이고 보조적인 것'으로 만들어 완성된다. '생계부양자=남성=가부장'은 우리에게 오랫동안 익숙했던 도식이다. 그래서 여성은 언제나 집으로 돌려보내졌고, 돌려보내질 것이기 때문에 부차적인 일, 언제든 대체 가능한 일, 혹은 집에서 하던 살림 노동의 시장화 버전의 일을 하는 것을 당연하게 취급했다. 그리고 이는 여성과 여성의 임금노동을 가난하게 만들었다. 여성에게 남성과 동일 수준의 일과 임금을 부여하는 것은 분명 자본에게 부담이며, 자본은 임금노동자를 재생산하는 데 필요한 부담과 비용을

---

3 여성노동자회·전국여성노동조합, 〈2024년 여성노동자가 원하는 제 22대 총선과제〉, 여성노동자회·전국여성노동조합, 2024 참조.
4 마리아 미즈, 《가부장제와 자본주의》, 최재인 옮김, 갈무리, 2014; 실비아 페데리치, 《캘리번과 마녀》, 황성원·김민철 옮김, 갈무리, 2011.

'공짜'로 만들어야만 했을 것이다. 즉, 자본주의라는 구조를 지탱하기 위해서는 여성의 지위 하락과 주변화, 빈곤화가 필요하다.

자본은 여성 노동의 평가절하를 시작으로 노동에 위계를 세울 수 있었다. 자본주의는 이를 통해 완성됐다. 노동에 위계가 있어야 통제와 경쟁을 정당화할 수 있기 때문이다. 정치와 제도는 위계와 통제, 경쟁에 의문을 품지 않도록 이를 승인하고 관리한다. 학교를 떠올려보라. 우리는 학교에서 이 모든 것을 배우고 익혀 내면화한다. 학교의 내용과 형식은 모두 정치적이다. 한국은 능력주의라는 지옥도에 빠져 출구 없는 고속도로 위를 질주하는 듯한 모습이다.

이런 이야기는 경쟁에서 진 무능력한 사람의 핑계나 변명으로 취급받곤 한다. 그런데 나는 저평가절하된 노동들과 유연한 노동의 문제는 경쟁과는 무관하다고 생각한다. 자본주의에서 노동들(혹은 노동자들)은 착취 구조의 필요에 따라 분류되고 평가되고 값이 매겨진다. 경쟁 논리는 그 과정에서 착취를 정당화하려는 의도에서 발굴된 말일 뿐이다.

치열한 저항으로서의 시골살이

나는 나를 포함해 누구도, 어떤 존재도 착취하지 않는 삶을 살고 싶다. 그러니까 노동을 고민한다는 것은 '어떻게 살 것인가'라는 삶에 대한 대답과 길 찾기'라고 생각한다. 나는 누구도 착취하지 않는 노동, 나를 직접 부양하는 노동에서 기쁨과 성취와 보람을 느끼며 살아가고 싶다. 비록 우리가 살아가는 구조는 그런 고민을 '금지'하거나 '쓸데없는' 것으로 치부하기 마련이지만.

현실을 진단한다는 건 (그 현실에 순응하고 적응하는 방식을 향할 수도 있겠지만) 내게는 저항을 위한 언어와 다른 생각, 즉 가능성을 발견하는 과정이다. 그러다 철학자 고병권이 어디선가 했던 강연을 통해 '테두리 노동'이라는 개념을 알게 되었다.[5] 테두리 노동은 '공짜가 되거나 삭제되거나 저렴해지는 구역에서의 노동'인데 자본주의의 이익은 이곳에서 나온다. 비정규노동, 여성 노동, 장애인 노동, 이주노동, 농사, 동물 노동, 자연에 대한 수탈(채굴주의)이 그 예인데, 이런 테두리가 된 노동이 자본주의를 떠받치고 있다.

그런데 이 구역에 있는 존재들이 테두리 안쪽(자본주의 구조)이 아니라 바깥쪽을 향한다면 어떻게 될까?

비슷한 무렵, 한국여성노동자회

---

[5] 2007~2008년 이랜드 홈에버 여성 노동자들의 파업투쟁 시기의 조합원 총회, 2008년 한국여성노동자회 내 대안사회연구모임에서 열린 고병군 초청 강연.

전국활동가대회에서 《녹색평론》 발행인 김종철 선생의 강연을 듣게 됐다. 강연의 요지는 이랬다. '인류는 2000년 넘게 계급사회를 유지해왔다. 위계를 만들고 희생양을 만들어 착취해왔다. 여성 노동자 문제와 비정규직 문제는 그 선상에 있다. 해법은 간단하다. 위계를 만들어 착취하는 구조에서 탈출하는 것, 즉 그들의 방식에서 벗어나 다른 방법을 찾는 것이다. 도시화와 상업화는 자본주의가 만들어 낸 환상이자 착취의 토대다. 어떤 존재도 도시라는 상업화된 공간에서 착취와 위계에서 자유로울 수 없다. 그러니 우리는 시골로 가야 한다. 비정규직노동자가 몽땅 시골로 간다면 더 이상 이 구조를 유지할 수 없을 것이다.' 그때부터였다. 시골에, 시골살이에 관심을 두게 된 것이.

그냥 개인이 시골에 가서 이것저것 시도하며 산다고 말할 수도 있다. 그러나 나는 모든 개인의 삶은 구조와 떨어질 수 없다고 생각한다. 시스템에 저항한다는 의미는 이를 승인하고 관리하는 정치를 변화시키는 일이기도 하다. 대도시, 개발주의, 능력주의, 가부장주의, (통계를 통해 관리하지만 결코 근본적인 문제를 해결하지는 않는) 통계 관리주의는 한국 자본주의의 중요한 토대다. 사람들은 살기 위해 대도시로 몰려갔다. 2022년 자료에 따르면 서울과 경기도에 각각 한국 전체 인구의 18.22퍼센트와 26.54퍼센트가 산다. 수도권에 전체 인구의 44.76퍼센트가 산다는 뜻이다. 도시에 사는 인구는 전체의 91.1퍼센트다.[6] 정치, 경제, 문화 등 모든 것이 수도권과 도시를 중심으로 해석되고 만들어진다는 뜻이다. 나의 시골살이는 그 구조에 대한 저항으로 시작됐다. 흔히 시골살이라고 하면 '은둔'과 '자연인'을 상상하지만 나에게 시골살이란 치열한 저항이다.

정치적인 시골살이

그리고 시골은 어떤 면에서는 도시보다 더 심하게 (나쁜 의미로) '정치적'이다. 시스템은 무능하거나 부패했다. 시골은 군수나 군의원, 공무원, 지역 유지, 이권 단체(혹은 그렇게 된 단체) 등에 의해 좌우되고 있었다. 그들은 한통속이 되어 서로 눈치를 보며 챙겨주고 있었다. 물론 도시도 그렇지만 도시는 감시하는 사람도, 감시 시스템도 있어서 차마 '대놓고 해먹지'는 못하는데, 시골은 노골적이라는 느낌이다. 지적당하지 않는 기득권은 성찰할 줄 모르고, 노골적이며, 부끄러움을 모른다.

시골에 산다는 것을 뒤처진 삶으로 인식하는

---

[6] 국토교통부·한국국토정보공사, 《2022 도시계획현황》, 국토교통부·한국국토정보공사, 2023 참조.

사람들도 있다. 도시로 떠나지 못한 사람도, 떠났다가 돌아온 사람도 자신과 비슷한 처지의 사람을 '낙오자'로 칭하는 것을 들어보기도 했다. '도시적인 것＝더 발전한 것＝세련된 것'이라는 환상에 사로잡혀 있는 사람들도 있다.

그래서일까? 오히려 시골에서 환경과 기후위기, 젠더, 인권, 동물권 등을 말하기가 쉽지 않았다. 이 주제들은 언제나 '그런 것'이란 표현("또 '그런' 얘기예요?")으로 나에게 되돌아왔고, 늘 눈치보며 해야 하는 말이었다. 알지만 어쩔 수 없다거나, 상대적으로 도시보다 '뒤처져 있다'는 생각 때문에 '개발이 먼저'라는 관점이 쉽게 힘을 얻는 것 같았다(혹은 그런 관점을 가진 이들이 시골에서 영향력이 있거나). 뒷말들과 평가하는 말들, 개인에 대한 사전 조사 등을 당연하게 여기는 문화 때문에 부당함에 대해 말하기도 어렵다.

이런 기세 속에서 관광산업과 토목산업이 지자체를 등에 업고 승승장구한다. 관광지 개발을 위해 쓸데없거나(산으로 가다가 끊기는 도로가 있다), 이용하는 차량이 거의 없는 기존 도로를 두고 바로 옆에 다른 도로를 세운다. 휠체어를 탄 채 이용할 수 없는 보도, 보도와 자전거 도로가 분리되어 있지 않아 위험한 도로는 그대로 둔 채다. 관이 주도하고 지원금으로 유지되는 각종 축제는 지역민을 들러리로 세우고, 비슷비슷한 내용과 형식으로 외부 업자들 장사판이 된 모습이다.[7]

각종 지원금 사업은 '마을만들기 사업'이라는 명목하에 비리를 양산하고 고착화하기도 한다. 또는 청년이나 농업인에게 지원금이라는 명목으로 대출금을 알선한다.

도시에 살면 내지 않아도 되는 빚을 시골에서 살기 위해 내야 한다. 대표적인 것이 불편한 대중교통을 대신할 자차 구입비다.[8] 2023년 실시된 진안군 청년 대상 실태조사에 따르면 취업을 위해서는 중고차라도 구입해야 하고 그 빚을 내야 한다.[9] 취업도, 농사짓기도, 자영업도, 집도 모두 대출받기로 시작해 대출금 갚기로 끝난다. 도대체 삶을 위해 빚을 지는 것인지 빚을 갚기 위해 사는 것인지 알 수 없을 지경이다. 시골의 삶도 각자도생이다.

---

7   〈지역관광 활성화를 위한 신지역관광인적자원개발방안 심포지엄〉, 우석대학교·(사)한국사회적기업학회 주최, 2023년 2월 18일. 이날 토론자로 참석한 한 여행 작가는 관이 주도하는 관광산업에 들어가는 대규모 지원금이 최신 관광 트렌드를 거스르는 문제를 지적했고, 또 다른 토론자는 "관광산업은 판도가 바뀌었는데 무주는 아직도 개발 위주의 관광산업 어젠다에서 벗어나지 못했다"라고 비판했으며, 한 주민은 해마다 열리는 축제에서 지역민이 기회와 수익 창출에서 소외되는 문제를 지적했다.
8   자세한 내용은 이 책 2부 4장, 5장 참고.
9   위드플랜 365, 《진안군 청년정책 기본계획 수립 최종보고회 자료집》, 위드플랜 365, 2023, 93쪽.

이 책에 담긴 이야기

이 책의 처음에는 시골에 왜 가기로 결심했는지, 그리고 시골에 가기 위한 어떤 준비 과정을 거쳤는지를 썼다. '불평등과 모욕을 넘어 망하거나 죽지 않고 살 수 있을까'라는 문제의식 속에서 시골행을 결심하고 준비하면서 했던 고민을 1부에 담았다.

그다음, 시골에 내려간 이후 내가 만난 시골의 민낯을 기록하며 '그래서, 시골은 대안이 될 수 있을까?'를 물었다. 2022년 6월부터 2023년 8월까지 무주와 진안을 돌아다니며 취재한 내용들이다.

이 가운데 오랫동안 취재하고 관심을 기울인 것은 시골의 이동권 문제다. 2부 '연결될 권리'에서는 농촌버스를 타고 다니며 내가 겪은 경험, 내가 취재하고 만난 사람들, 행정 현실을 담았다. 90퍼센트가 자가운전을 하는 농촌에서 보행권은 아예 언급조차 되지 못하는 현실도 담았다.

3부 '돌봄에는 장소가 필요하다'에서는 주거권과 농촌의 현실을 담았다. 빈집은 많으나 살 수 있는 집을 구하기 힘들고, 이를 이용해 이권을 챙기는 사람들과 손 놓고 있는 행정에 대한 이야기들이다. 인구의 절반이 고령인 상황에서 홀로 집에 머무는 노인들의 건강권에 대한 언급도 있다. 에너지 전환이 절실한 기후위기 시대, 마을에서 주도하는 에너지 전환 사업이 곧 주거권을 보장하는 것이기도 하다는 내용도 담았다.

　　4부 '생존권을 넘어 존엄을 지킬 수 있도록'에서는 시골의 여성과 청년 이야기를 담았다. 여기서 나는 노동 간 위계의 문제점을 이야기하고 싶었다. 한국 사회는 생명과 노동력의 재생산을 무가치·무대가 노동이나 저임금 노동에 의존하면서도 이를 심각하게 인지하지 못한다. 누군가는 지겹다고, 이제 그런 이야기는 많이 했으니 그만하라고 할 수도 있다. 또는 자신이 그런 문제와 무관하다고 느끼는 사람도 있을 것이다. 그럼에도 나는 이 문제가 앞에서 언급한 '테두리 노동'과 연관된 중요한 키워드라고 생각한다. 개인적으로 아쉬운 점도 있다. 외국인 이주노동자나 계절 노동자, 결혼이주 여성, 장애인의 현실을 담지 못한 것이다. 취재를 시도했으나 좌절된 경우도 있었고, 취재하고도 담아낼 수 없는 현실도 있었다. 이 부분은 앞으로도 계속 관심을 기울일 생각이다.

　　5부 '"기여"는 어떻게 정치가 될 수 있을까?'는 정치가 '제도'를 통해 배제하고 있는 가치노동 이야기로 시작한다. 즉, 행정이 '기여'와 '활동'을 생계 노동으로 인정하지 않았을 때 벌어지는 제도적 착취에 대한 고민을 담았다. 행정은 더 나은 세상을 향한 활동가들의 가치 노동을 무급화하거나 시험 능력주의에 기반한 서열주의

안에 가두고 등급을 매긴다. 이 과정에 활동가들의 의견이 수렴되거나 반영될 여지는 없다. (이는 지역 행정의 문제만은 아니지만) '기여'나 '활동'으로 생계를 이어가는 사람들의 노동인권이 외면받는 현실은 분명 '정치적'이다. 이어서 나는 내가 만난 뻔뻔하고 무능하고 무책임한 행정 현실을 담았다. 지역의료원에서는 출산조차 할 수 없는데도 버젓이 다른 지역보다 출산율이 높다며 자랑하고, 지역 청년 현실에 따른 정책을 논의하는 자리에서 당사자들에게 '할 수 있는 일이 없다'며 발뺌하고, 대출을 지원금이랍시고 내민다.

지역 주민을 위해 더 좋은 것, 더 근본적인 대책을 고민하지 않는다. 그저 대접받기 좋아하고, 눈에 띄는 것만 하려 하고, 중앙정부나 도에서 떨어지는 일을 그저 수행할 뿐이다. 그러면서도 힘 있는 누군가의 말 한마디에 떠들썩해진다. 군수는 지역의 절대군주다. 군주의 말, 정치인이나 힘 있는 유지, 이장 등의 말에 좌우되는 것을 민주주의라 부를 수는 없다.

지금, 시골에는 민주주의가 절실하다. 그래서 6부에는 '정치 혹은 민주주의'에 대한 내용을 담았다. 국가조직은 입법부, 사법부, 행정부로 나뉜다. 1991년 지방선거 부활 이후 우리는 지방선거를 통해 지방자치단체장(광역자치단체와 기초자치단체)과

기초의원(지방의원)을 직접 뽑는다. 주민이 직접 투표를 통해 행정부와 입법부를 세운다는 의미다. 그렇다면 민의를 대변하는 입법 조직과 행정 조직은 어디까지 선출해야 할까?

현재 한국은 지자체장과 기초의원까지만 선출한다. 진정한 지방정부를 세우는 일에서 우리가 잊어버렸거나 착각하고 있는 것은 무엇일까? 지방정부의 마지막 조직까지 주민들이 선출하는 것은 불가능할까? 즉, 마을 단위부터 입법과 행정을 담당할 사람을 주민들이 직접 뽑을 수는 없는 걸까?

시골에서는 이장이 없으면 되는 일이 없다는 말이 있다. 모든 것은 이장을 통해서 이루어지고 이장이 움직여야 뭐든 할 수 있다. 오죽하면 시골에서는 이장이 누구냐에 따라 삶이 달라진다고도 한다. 그런데 이장은 주민에 의해 통제되지 않는 조직이다. 이장협의체는 지방의 입법부와 사법부를 뒤흔들기도 한다. 관행과 모호한 제도를 통해 이어지는 이 권력이 수상했다. 나는 정보공개청구를 통해 '이장'이 행정의 말단 조직임을 파악했고, 이장에 대한 인식과 구조, 마지막으로 마을 단위에서부터 민주주의를 다시 실현할 아이디어를 제시했다.

마지막으로는 군의원들의 이야기다. 지방의원들은 주민과 가깝기에 할 수 있는 일이 더 많다. 나는 취재를

하며 군의원이 개별 주민들의 민원 해결사 노릇을
하거나, 특정한 세력의 이익을 대변하기 위한 입법을
주도한다거나, 행정의 눈치를 보는 현실을 발견했다.
여기서는 그중에서 가장 심각하다고 느꼈던 수상한
조례 내용과 그 조례가 만들어지는 진행 상황을 담았다.

　　그래서 나는 나가는 글의 내용을 '시골에서 다시
꿈꾸는 풀뿌리 민주주의'로 정했다. 처음 문제의식을
담은 것이기도 하다. 나는 대안은 시골에 있다고 여전히
생각한다. 그러나 지금의 시골은 대안이 될 수 없다.
나는 민주주의는 좋은 삶, 좋은 일상을 가능하게 하는
상상력이라고 생각한다. 더 나은 삶을 위해 민주주의
정치제도는 상상력과 가능성을 실현할 수 있는 방향을
향해야 한다. 모든 시시콜콜한 것, 개인적인 것에
정치가 있다. 그래서 나는 일상에 민주주의를 담고,
아래로부터 민주주의를 실현할 하나의 방법으로
지역정당에 관심을 가진다.

　　나는 이 이야기가 마지막이어서는 안 된다고
생각한다. 더 많은 이야기가 있기 때문이다. 인구소멸,
이주민, 교육, 기후위기에 대응하는 농어촌, 농협과
농민회…… 그래서 나는 앞으로도 계속 '정치적'인
시골살이들이 이야기될 수 있기를 바란다. 그렇게
각자의 시골살이들이 삶을 위한, 삶을 향한 정치를
꿈꾸기를 바란다.

차례

추천의 글   5

들어가는 글
정치적인 시골살이?   13

1 불평등과 모욕을 넘어 망하거나 죽지 않고 살 수 있을까?

1. 나도 '아내'가 있었으면 좋겠다고 생각했던   35
   나홀로 가족 직장인의 일상
2. 시골에서 살기로 하다   39
3. 돌아갈 곳이 없는 사람이 돌아갈 곳을 찾다   43
4. 조언들   45
5. 그래서 가능했던 선택   50

건너가는 글
그래서, 시골은 대안이 될 수 있을까?:   53
시골의 현실 마주하기

2 연결될 권리: 시골과 이동권

1. 버스와 나: 시골 버스 타고 다닙니다 — 65
2. 풍경들: 아는 사람만 탈 수 있는 시골 버스 — 71
3. 시골 버스의 사정 — 75
4. 시골 버스 문제는 교통 약자들의 문제일 뿐: '거리두기'와 저상버스, 능력주의 — 85
5. 공공재를 공공이 운영하자는 당연한 요구, 버스공영제 — 93
6. 버스 운전 노동자에게 듣다 — 97
7. 사람도 휠체어도 다닐 수 없는 길, 보행권을 바랍니다 — 109

3 돌봄에는 장소가 필요하다: 시골과 주거권

1. 존엄한 삶의 기본 조건, 주거권 — 115
2. 집을 찾는 사람들의 주거권 — 127
3. 아픈 줄도 모르고 나홀로 집에: 고령화된 시골의 건강권 — 142
4. 어떤 전기 사용자의 고통과 좌절: 에너지 자립과 주거권 — 147

4 생존권을 넘어 존엄을 지킬 수 있도록: 시골과 경제권

1. 시골의 삶에 맞는 경제권의 재정의가 필요하다   155
2. 시골에서 더 가난한 여성들   160
3. 진안군 청년과의 대화: 가난과 희망없음에 대하여   174

5 '기여'는 어떻게 정치가 될 수 있을까?: 시골의 지역 행정 현실

1. 나의 기여는 돈도, 정치도 되지 못했다   189
2. 진안군의 출산율 자랑과 지역 의료   194
3. 군수는 청년정책이 아니라 청년이 문제라고 말했다   202
4. 기본적이지 않은 농민수당   208
5. 은행에서 대출받게 해주는 것도 지원입니까?   214

6 정치 혹은 민주주의

1. 민주주의를 포기하기 쉬운 시골   **223**
2. 이상하고 수상한 이장의 세계   **230**
3. 군의원은 어디를 향해야 하는가   **244**

나가는 글

시골에서 다시 꿈꾸는 풀뿌리 민주주의: **251**
민주주의는 좋은 삶을 상상하기가 가능한 일상

1부

불평등과 모욕을 넘어 망하거나 죽지 않고 살 수 있을까?

1. 나도 '아내'가 있었으면 좋겠다고 생각했던 나홀로 가족 직장인의 일상

　평범한 날이었다. 출퇴근을 반복했던, 때로는 퇴근조차 할 수 없었던, 월화수목금금금…… 그런 평범한 날. 아침에 눈 뜨면 씻고 옷을 차려입고 서둘러 지하철역으로 향하고, 계단 틈조차 보이지 않는 사람들의 까만 머리꼭지를 보며 흐르듯이 지하로 내려가, 떠밀리듯 간신히 지하철 차량 어느 칸 속에 짐짝처럼 구겨지던 그런 평범한 날. 나는 더 이상 버티지 못하고 무너졌다.
　몸과 마음이 무너지던 그날, 나는 아침 출근길 지하철 입구에서 만나곤 했던 홈리스를 떠올렸다. 어쩌면, 언젠가 곧 닥치고야 말 나의 미래에서 도망치기 위해 치열하고 성실했던 내 직장 생활의

채찍. '회사에 붙어 있으려면 성실해야 하는데.' 쓰러진 와중에도 나는 습관처럼 회사에서 찍힐 것을 걱정했다. 그리고 한 달에 한 번 주어지던 월급이라는 당근에 취해 애써 외면했던 사실, 즉 돈을 벌기 위해 영혼과 마음과 몸을 더 이상 갈아 넣을 수 없다는 것을 인정했다.

삶이 스스로를 기록하는 저장장치가 있다면 그것은 신체가 아닐까. 신체는 스스로가 가진 삶의 조건을 고스란히 끌어안은 채 삶을 지탱한다. 특정한 신체 부위만을 극단적으로 사용하게 하는 임금노동으로 인해 몸은 늘 아프다. 그 몸으로 정해진 시간에 정해진 일자리로 이동하고 밥을 먹는다. 정해진 매뉴얼대로 일하고, 최선을 다해 시스템의 허점을 이용해 타인을 짓밟는 경쟁에서 이기려 했다.

마음을 갈아 넣는다는 건 이런 일이었다. 때로는 억울한 일도 당하고 욕도 먹지만 하소연하지 못하는 것. 그러면서도 먹고살아야 해서 해야만 하는 것. 보람도 재미도 사라지고 의무와 책임과 생존만 남은 것.

일하며 다친 몸과 마음을 감당하는 것도 개인의 몫이다. 영혼 따위는 알 게 뭔가. 삶은 비루하고 구차해진다. 이것을 '자유계약'이고 개인의 선택이라 할 수 있을까. 그저 선택지 없음에 따른 자유의 박탈, 폭력의 경험, 고통일 뿐이다. 노동시장으로 나를 내어놓는다는 것은 노동력으로 상품화된 내 신체와 감정과 마음이 끊임없이 잘게 쪼개어지는 경험이다. 임금노동자되기란 자신의 노동(력)과 신체와 정신을 내놓지 않고는 불가능한 것이었다.

홈리스가 되지 않기 위해, 성매매 여성이 되지 않기 위해 나는 자발적인 노동하는 기계가 되어 성실히 10년간 직장 생활을 했다. 그리고 몸과 마음이 무너져 일어서지 못했다. 그 지경이 되어서야 나는 백일몽에서 깨어났다. 성실한 직장 생활 내내 번 돈으로도 가난은 벗어날 수 없었고, 삶의 질은 나아지지 않았다. 아니, 오히려 삶은 생수병 몇 병뿐인 내 월세방에 있는 텅 빈 작은 냉장고 속 같았다.

임금노동자로 일상을 제대로 살아내려면 집에서 무임금 또는 유임금으로 나를 돌봐줄 존재가 필요했다. 나는 무임금으로 나를 돌봐줄 '아내'가 되어줄 사람도 없었고,[1] 유임금으로 집과 나를 '케어'해줄 도우미를 구할 만큼 벌지도 못했다. 한국의 장시간 저임금 노동자로서의 삶조차 지속가능하지 않았다.

그런데도 나는 어떻게든 임금노동자로 잘 버티면 된다고, 버틸 수 있다고 나를 속이고 있었다. 실은 알고 있었지만 믿고 싶지 않았던 현실이었다. 방법이 없다고

---

[1] 애니메이션 〈야무진 고양이는 오늘도 우울〉에서는 고양이가 반려인이 최고의 상태로 직장 생활을 할 수 있도록 살림을 전담한다. 그 덕분에 반려인의 직장 생활은 능률도 인간관계도 최고. 이 고양이가 살림을 시작한 이유는 반려인이 돈을 벌어야 추위와 더위를 피하고 쉴 수 있는 집과 먹을 것이 나온다는 것을 깨달았기 때문이다.

믿었기에 찾지 않았던 '다르게 살기'는 그렇게 나에게 절박한 문제가 됐다. 나는 살고 싶었다.

처음에는 타협을 시도했다. 소위 워라벨, 그러니까 일과 삶의 균형을 유지하기 위해서는 원칙이 필요했다. 칼퇴근하기. 집에 일 가져가지 말기. 주말과 휴일에는 반드시 쉬기.

퇴근은 의외로 쉬웠다. 집에 일을 가져가지 않는 것도. 그러나 해야 할 일은 점점 쌓이고 미뤄졌다. 업무량은 줄어들지 않았고, 퇴근 후에도 전화가 왔다. 내가 있는 곳 어디든 일의 연장이 가능했다. 주말이나 휴일에 다시 회사에 불려 가지 않으려면 어디든 떠나야 했다. 떠나기를 반복한 후에야 자본주의에서 워라벨이란 육체와 영혼을 분리하는 신기한 능력을 가진 사람에게만 가능하다는 것을 깨달았다. 오히려 균형을 맞추기 위한 스트레스가 쌓여갔다. 나에게는 맞지 않았다.

그렇다면 가끔은 돈도 되고 의미도 있는 일을 하면서, 더 많은 (대부분의) 시간은 하고 싶은 일과 나를 돌보기 위한 노동을 하는 삶으로 나의 삶을 재편할 수는 없을까? 돈은 최소한으로 쓰되 삶의 질은 높은, 그런 삶을 살고 싶어졌다. 일단 임금노동자로 살기를 그만두고 생각해보기로 했다. 멈춰야 다시 시작할 수 있으니까. 대안 찾기의 시작이었다.

2. 시골에서 살기로 하다

임금노동자되기를 그만두고 처음 깨달은 것은 '나는 얼마나 삶의 기술에 무지한가'였다. '돈을 버는 일' 아닌 모든 일을 하찮게 여겼던 지난 시간을 반성하고 후회했다. 나는 음식을 해 먹을 줄도 몰랐고(너무 오랫동안 하지 않아 잊었다. 할 시간도 의지도 없었다), 아토피로 괴로운 내 몸을 보살필 줄도 몰랐다. 또 직장 생활 내내 나는 청소와 빨래가 버거웠다.[2] 나의 작은 월세방엔 늘 현관과 침대, 화장실 문으로 이어지는 길이 나 있었는데, 쓰레기와 빨래 더미를 겨우 피할 수 있는 만큼의 좁은 길(?)이었다.

---

[2] 지금은 버겁지 않다는 말이 아니다. 하루를 분 단위로 쪼개도 부족하고 피곤한 한국의 저임금 노동자로 살면서 청소와 빨래를 포기하는 것이 가장 쉬웠다는 말이다.

나는, 나를 돌볼 줄 몰랐고, 그렇다는 사실조차 몰랐다. 임금노동자가 되어 돈을 버는 것 말고 다른 삶이 필요했다.

하지만 나는 자본주의의 자식이었다. 나는 자본주의가 알려준 방법 말고는 다른 삶의 방식을 알지 못했다. 필요한 것은 돈을 벌어서 구했고, 내가 아는 생산은 서류 작업과 공장노동뿐이었다. 이른바 돈이 되는 생산. 돈이 안 되면 생산조차 아니라고 믿었다.

상상력이 필요했다. 삶을 위한 생산, 돈이 없거나 적어도 만족할 수 있는 소비 방식을 알고 싶었다. 제1세계가 제3세계를 착취해서 얻어낸 저렴한 결과물들을 소비하고 싶지도 않았다. 그렇게 나는 '삶에 필요한 기술'을 배우러 다니기 시작했다.

- 공정무역 생두로 직접 커피 볶아 마시기.
- 바느질을 배우고 옷 만들어 입기. 그와 더불어 바느질로 할 수 있는 소품 만들어 쓰기.
- 막걸리, 맥주, 와인 만들어 마시기.
- 아토피에 좋은 비누와 스킨, 로션, 생활재 만들기. 가능한 한 이때 들어가는 재료들을 직접 추출하기.
- 음식 만들어 먹기. 살림 배우기.
- 친구들과 함께 5평 주말농장 가꾸기.
- 시장에서 주운 사과 박스로 공간 박스 만들기.

- 도서관 이용하기.
- 책은 가능하면 헌책으로 구입하고 다 읽거나 읽지 않는 책은 중고로 내다 팔기.
- 투쟁하는 사업장이나 장소에 응원과 지지를 담은 마음으로 음식을 들고 방문하기.
- 중고물품, 직접 만든 물건이나 음식, 농산물 등을 거래하는 마켓을 열거나 그런 마켓에 참석하기.
- 다른 삶과 대안운동 배우기.

배우고 익히고 실천하려 노력한 시간은 즐겁고 만족스럽기도 했지만 힘들기도 했다. 돈이 안 되는 일을 하며 살아간다는 건 그만큼의 만족과 함께 이전보다 더 많은 돈 걱정을 불러왔다. 하고 싶은 일을 하며 살아간다는 건 돈을 써야 하지만 돈이 되지는 않는 일을 한다는 뜻이었다. 나는 이전보다 만족하는 만큼 가난해졌고, 쌓이는 짐과 쓰레기로 괴로웠다. 무언가를 직접 만든다는 건, 도구와 재료 등을 둘 공간, 제작을 위한 시간, 그리고 쓰레기를 받아들여야 한다는 일이기도 했다. 나는 평생 집을 소유해본 적도 없고, 그럴 계획도 없고, 그럴 돈도 없다. 그런데 매년 또는 2년마다 옮겨 다녀야 하는 주거 조건은 늘어난 짐으로 인해 더 힘겨웠다. 특히 음식물 쓰레기는 큰 스트레스였다. 기후위기의 원인 중 26퍼센트는 먹거리로 인한 탄소배출이라는 보고서가 있다.[3] 먹거리를 생산하고 옮기고 음식물 쓰레기를 처리하는 데 드는 에너지를 포함해서다.

 아는 만큼 실천한다고 했던가. 그런데 아는 만큼 실천하기 위해서는 상황과 조건이 필요했다. 나홀로 가족에겐 마트에서 판매하는 식자재도, 텃밭에서 수확한 작물들도 '너무 많았다'. 때를 맞추지 못한 재료들은 냉장고나 부엌 구석에서 자리만 차지하다가 버려지기 일쑤였다.

 생각하는 대로 살 수 있는 곳이 필요했다. 도시에서는 그럴 수 없었다. 나는 도시를 떠나기 위해 다시 정보를 모으고 사람들을 만나기 시작했다. 그러나 나는 시골살이를 준비하기 위해 사람들을 만나고 정보를 모으는 과정에서 막막함과 미흡함을 느꼈다. 나는 도시에서 태어나 평생 도시에서만 살아왔기에. 그런 마음 한편에는 과연 내가 시골에서 살 수 있을지 의구심도 있었다.

---

[3] 그린피스 서울사무소, 〈음식물 쓰레기를 줄이면, 기후위기를 막을 수 있다고?〉, 2022년 10월 17일, www.greenpeace.org/korea/update/24144/blog-ce-food-waste/.

3.

돌아갈 곳이 없는 사람이
돌아갈 곳을 찾다

    귀촌을 결심하기까지 심란하고 어려운 시간들을 겪었지만 결심한 후에는 '가능성'이라는 것 그 자체가 희망으로 이어졌다. 내가 유일하게 가진 것은 '가능성'뿐이다. 비록 실패가 당연하더라도 지금 나의 노력이 쌓여 다음 실패를 조금 더 줄여줄 테니 그것만으로도 좋은 선택이다.

    나는 여전히 가능성의 범위를 확장하는 것 또한 저항이라고 믿는다. 위치는 괴물을 만든다. 그래서 나는 선량한 권력은 없다고 믿는다. 노동자계급이 권력을 가지면 피지배계급을 위한 나라가 될 것이란 실험은 실패했다. 위치를 바꾼 괴물이 새롭게 탄생할 뿐. 개발과 발전이 완성되면 다 같이 잘살 수 있을 것이란 거짓말도 믿지 않는다. 가난한 나라에서도 지배계급은 풍요롭게 산다. 지배계급에게는 언제나 가난한 피지배계급이 필요하다. 그러니 위치를 바꾸고, 속도를 따라잡는 것이 아니라, 지금 여기서 가능성을 시도하는 것이 내게는 저항이다.

　하지만 늘 그렇듯 시작은 어렵고 막막했다. 결심을 실행으로 옮기기 위해선 도대체 '뭘', '시작'해야 하는지부터 또 다른 고민과 걱정이 시작됐다.

　흔히 도시에서 살던 사람이 시골에서 농사로 경제활동을 하면 '귀농인', 그냥 시골에서 살면서 농사가 아닌 일로 경제활동을 하면 '귀촌인'이라고 부른다. 어쨌든 모두 시골로 '돌아간다'는 뜻이 있다.

　문득 나는 궁금했다. 도시에서 태어나 도시에서만 살았던 나는 '어디로' 돌아가야 하는 걸까? 영화 〈안토니아스 라인〉은 가부장적이고 폭력적인 자본주의에서 벗어나 지속가능한 여성주의 공동체를 그리는데, 이 이야기는 주인공 안토니아가 자신이 증오하던 어머니의 집과 땅으로 돌아가면서 시작된다. 그러고 보니 나는 시작조차 할 수 없는 영화를 시작하려는 사람이었다.

4.

조언들

정보가 필요했다. 도시에서 탈출한 사람들부터 만나보기로 했다.

1990년대부터 이른바 한국형 발전주의 자본주의가 보여주는 삶을 거부한 사람들이 소위 '귀농'을 시작했고, '귀촌'이라는 말로 시골살이를 시작하는 사람들은 2000년대부터 보였던 것으로 기억한다. 시골에서 꼭 농사를 짓고 살아야 하는 건 아니지 않느냐는, 어찌 보면 당연한 이야기다.

아무튼 나는 나보다 한 발 앞서 시골로 '돌아갔던' 사람들을 만나러 다니기 시작했다. 정보를 모았다. 무엇보다 나에게 적합한 방법을 찾는 것이 중요했다. 돈 없이, 집이나 땅도 없이, 농사를 생계 수단으로 삼지

않으면서, 여자가, 혼자, 기존의 가부장적인 공동체와
어울리지 않고 살 수 있을까? 그렇게 살 수 있는 곳을
찾을 수 있을까?

어디서 살아야 할까?

귀농·귀촌 선배들은 내게 어디의 땅값이 얼마고,
집값은 얼마고, 가격 대비 적당한 위치는 어떻다는
이야기를 해주었다. 누군가는 대뜸 여자 혼자도 집을
지을 수 있다고 했다. 물론 공동체의 도움을 받아서.

'응? 안 물어봤는데? 안 궁금한데? 당연히 알아야
했나 봐!' 나는 혼란에 빠졌다. 시골에서 살려면 돈이
있어야 했다! 집과 땅을 마련할 돈도, 빚을 낼 수 있는
신용도 없는 나는 시골에서 살 수 없는 것일까?

무엇보다 나는 친구들과 가까운 곳에 살고 싶었다.
내가 생각하는 공동체는 물리적인 공간을 공유하는
것이기도 하지만 의미 있는 네트워크를 공유하는
것이기도 했기 때문에, 그것은 가장 중요한 문제였다.
나는 나를 긍정하고 내가 긍정할 수 있는 네트워크
속에 머물기를 바랐다.

뭘 하면서 살아야 하나?

물론 농사를 짓는 것도 방법이겠지만, 농사를 짓기
위해선 돈이 있어야 했다. 땅도, 기술도, 자재와 종자

구입에도, 농사를 짓는 과정마다 돈이 필요했다(농사를 짓는 직계존속이 있다면 말이 달라지겠지만. 농업 노동자가 되려면 인맥이라도 있어야 했다).

그리고 체력. 나는 텃밭도 겨우 감당할 만큼의 체력을 짜낼 수 있을 뿐이었다. 그런데 전업 농사꾼이라니…… 먼저 귀농한 지인을 방문했을 때였다. 나는 새벽 6시부터 오전 9시까지 이어진 200평 밭에 콩 심기로 방전된 체력과, 방전된 나를 보는 선주민화된 선배들의 따가운 눈총과 말에 한없이 작아졌다. "너는 시골에서 살려면 체력부터 키워야겠다"라는 말은 '처음부터 농사는 내가 할 수 없는 일'이라는 말로 들렸다.

그래도 나는 시골에서 살 수 있기를 바랐다. 오히려 내 소박한 꿈은 이렇게 시작될 수 있었다. '내가 필요하고 감당할 수 있을 만큼만'이라는 원칙을 세웠다. 농사짓기는 마당 텃밭이면 충분. 겨울이면 봄에 작물과 허브를 심을 계획을 세우고, 봄이면 때맞춰 함께 심는다. 화학비료[4]를 쓰지 않기 위해 해충을 방제하는 효과가 있는 작물들, 서로 도와주며 성장하는

4 　반다나 시바에 따르면 화학비료는 살상무기를 개발하던 군수업에서 시작됐다. 전쟁용 살상무기를 땅과 먹거리에 뿌려 인간이 원하는 결과물만 키워내는 것이다. 그의 책을 읽으며 나는 문득 자살하고자 한 가난한 사람들이 선택한 방법이 '농약 먹기'였다는 것이 떠올랐다. 반다나 시바, 《이 세계의 식탁을 차리는 이는 누구인가》, 우석영 옮김, 책세상, 2017.

작물들을 섞어 짓는다. 1인 가구에게는 작물 종류당 1~3개면 충분하다. 아! 고추는 종류별로 심고. 잡초를 막아주지만 땅을 답답하게 하고 대량의 쓰레기가 만들어지는 비닐 멀칭은 하지 않는다. 그 대신 낙엽과 나뭇가지들을 부숴서 뿌려주거나 텃밭의 잡초를 뽑거나 잘라서 덮어준다.

　음식 준비는 텃밭에서 그때그때 수확한 작물들로 간단히. 마당에는 작은 장독들이 모여 있다. 직접 만든 간장, 된장, 고추장들이다. 먹고 남은 음식과 텃밭 부산물은 버려진 스티로폼과 안 쓰는 화분을 이용해 발효 퇴비를 만들고, 내 몸에서 나온 똥은 왕겨, 종이와 나무를 태운 재와 함께 거름으로 만든다. 거름은 주로 봄과 가을 작물을 심기 전 밑거름으로 사용하고 퇴비는 작물의 성장을 돕는 웃거름으로 사용한다. 오줌은 1주일 이상 숙성한 뒤 희석해 발효 퇴비와 번갈아가며 수시로 작물에 뿌린다.

　돈은 지금처럼 최소한으로만 쓴다. 전일제 임금노동은 하지 않는다. 꼭 해야 한다면 1주일에 3일을 넘지 않는 일로 찾아보자.

　필요한 것은 가능하면 직접 만들거나 중고로 얻거나 구입한다. 새 물건을 사야 한다면 리퍼 제품으로 먼저 알아보자.

　내가 사는 집은 친구들에게 언제나 열려 있다.

집을 소유하지는 않는다.
　그렇게 바쁘지만 느긋한, 소박하고 충실한 삶이 꿈이자 목적이 됐다.

5. 그래서 가능했던 선택

　그렇게 나는 친구네 가족이 연세[5]로 50만 원을 내고 살던 시골집에 딸린 조그만 방으로 '귀촌'했다. 차량으로 10분 거리에 있는 가장 가까운 면으로 이동하려면 하루 세 번 운행하는 버스를 이용해야 하는 마을이었다. 그리고 21개월 후 독립했다. 가까운 읍과 면을 하루에 열두 번 오가는 버스가 있는 마을의 연세 100만 원짜리 시골집으로. 친구들이 쉼터로 이용할 겸 모아준 돈으로 첫 번째 연세를 낼 수 있었다.
　귀촌 후 나는 서울이나 전국의 이곳저곳을 돌아다녔다. 여성/노동/인권교육을 진행하거나

5　1년짜리 집세를 미리 내고 사는 주거 형태. 시골에서만 구할 수 있다. 지금은 거의 사라진 방식이고 처음과 달리 나도 지금은 월세를 낸다.

플리마켓에 내가 만든 수제품들을 들고 나가거나, 이것저것 직접만들기 수업을 진행했다. 단기 계약직 활동가로 프로젝트 사업을 집행하기도 했다. 지역아동센터에서 아이들과 함께 인권과 환경을 생각하는 수업도 했다. 돈을 벌기 위한 일들은 최소한으로 하면서, 가끔 돈이 너무 없을 땐 하기 싫은 일도 하면서. 그러고는 몇 년 동안 일군 나의 작은 마당 텃밭과 이사할 때부터 쭉 마당을 공유하고 있는 고양이들이 있는 집으로 돌아왔다. 가끔 장수와 진안에 있는 친구들과 오가며 서로의 삶을 응원하는 작은 파티를 하고, 친구네 마당에 있는 20평 논에 6월 초면 모내기를, 11월 초에는 추수를 하며 지냈다.

  귀촌 후 첫해에 나는 영하 20도에도 차갑고 상큼한 공기가 좋다는 것을, 추위를 많이 타는 내가 겨울을 좋아할 수 있다는 것을 알았다. 봄을 기다리며 하는 겨울의 일, 감자를 심을 수 있는 3월부터 심을 수 있는 작물이 많아지는 4~5월의 설렘과 위로를 알았다. 여름에도 그늘에선 서늘할 수 있다는 것을 알았고, 모기와 벌레, 습기에 대처하는 방법을 익혀갔다. 모든 계절이 아름답다는 것을 느꼈고, 그 계절마다 내가 있다는 것이 좋았다.

  집은 휴식의 공간일 뿐만 아니라 노동의 공간이라는 것도 깨달았다. 나는 집에서 일도 했지만,

집을 돌보는 노동도 해야 했다. 익숙하지 않은 노동에 몸은 힘들었지만 시간도 일도 내가 하고 싶은 대로, 하고 싶은 만큼만 했다. 그 속에서 나는 자유였다.

모두 도시에서는 알 수 없었던 앎이었다. 나의 시골살이는 자리가 잡히는 듯 잡히지 않는 '자리 잡기'였다.

그리고 귀촌 4년 후 '코로나19'라는 세계적인 '재난을 만났다'. 또다시 알지 못했던 삶을 시작했지만, 이번에는 예상하지도 의도하지도 못한 채였다. 다시 어떻게 살 것인지가 문제가 됐다. 도시로 나갔던 활동들도, 네트워크도 모두 끊겼다. 나는 집에 홀로 고립되었고 말을 잃었다. 친구들은 물리적으로 멀었고, 감염병 위기는 감정적인 위기도 불러왔다. 경제활동도 말도 없는 삶이 3년 가까이 계속됐다. 뭐라도 해야 할 일이 절실했지만 할 수 있는 일은 거의 없었다. 그렇게 나는 작은 신문과 잡지에 글을 쓰기 시작했다.

그러니까 이 책에 실은 글은 대부분 내가 이 모든 경험을 가진 채, 무주군과 진안군에서 취재하며 느끼고 썼던 이야기들이다.

[건너가는 글]

그래서, 시골은 대안이 될 수 있을까?: 시골의 현실 마주하기

기쁨이 있는 삶은 시골에 있을까?

> "만일 전쟁과 정반대되는 것이 있다면 때로는 정원이 그에 해당할지도 모른다. 사람들은 숲과 초원과 공원과 정원에서 독특한 평화를 누려왔다."
> —리베카 솔닛, 《오웰의 장미》

"1936년 봄, 한 작가가 장미를 심었다"로 시작하는 《오웰의 장미》의 부제는 "위기의 시대에 기쁨으로 저항하는 법"이다. 자본주의를 비롯한 모든 계급사회는 그 사회의 지배계급에 유리한 프레임과 가치관을 가진다. 그리고 편견, 관습, 철학, 제도를 이용해(필요하면 만들어내기도 한다) 그것에 맞지 않는 모든 것과 전쟁을 벌인다.[1] 사적인 존재(=저렴한, 공짜, 자연적인, 주부)로서의 여성이라는 낙인은 여성 임금노동자들에게 '집에서 살림만 하던 아줌마들', '반찬값 벌러 나온', '아무나 할 수 있는 일'이라는 편견을 입히고 저임금을 고착화시킨다. 등급이 만들어진 임금체계에서 여성은 언제나 말호봉이다. 피지배계급이 먹고살기 버거울수록 그 전쟁은 효과적이다. 지배계급이 늘 피지배계급의 삶을 궁지로 몰아붙이는 건 그래야 유리하기 때문이다. 궁지에 몰린 사람은 위기를 순응으로 해결하는 것이 더 쉽다고 느낀다. 순응한다고 삶이 더 좋아지기는커녕 겨우 매달려 있기조차 힘겨워도 말이다. 끝끝내 몸이 고달파지고 생각이 멈추고 마음이 딱딱하게 굳는다.

그럴 때야말로 충격이 필요하다. 계절이 바뀌는 줄도 모르고 지하철로 출퇴근하던 어느 순간이다. 잠시 잠깐 지상을 보여주던 창문 밖으로 개나리와 진달래를 발견한다. 어둡고 딱딱하게 굳어 있던 몸과 마음에 봄이 들어온다. 그리고 다시 생각이란 걸 하기 시작하게 된다. 직장인 시절, 내 유일한 기쁨은 도시를 탈출하는 것이었다. 산으로 들로 바다로. 쉬는 날이면

---

[1] 마리아 미즈, 《가부장제와 자본주의》, 최재인 옮김, 갈무리, 2014; 실비아 페데리치, 《캘리번과 마녀》, 황성원·김민철 옮김, 갈무리, 2011 참조.

나는 어김없이 떠났다. 시도 때도 없이 울리던 직장 상사의 핸드폰 호출을 무시하기 위해서는 멀수록 좋았다. 숲과 바다, 강과 계곡, 나무와 꽃은 위로와 기쁨이었다. 기쁨은 저항이 된다. 더 이상 기쁨이 없는 삶을 살고 싶지 않았다.

그런데도 여전히 시골에 사람이 없는 이유

그래서일까. 어떤 도시인들은 '언젠가 시골에서 살 생각'을 하거나 혹은 '시골을 꿈꾼다'. 최근 10여 년 농촌이나 어촌을 배경으로 한 예능, 영화, 드라마, 다큐멘터리가 많아진 것도 떠나고 싶은 사람들과 떠날 수 없는 사람들을 향한 위로일지도 모르겠다.

그런데 왜 사람들은 여전히 도시에 머물러 있을까? 아니, 귀농이나 귀촌했던 사람들마저 다시 도시로 돌아가는 이유는 뭘까? 나는 그 이유를 시골살이가 주는 불평등 때문이라 생각한다.

불평등을 흔히 부나 경제의 영역으로 설명하지만, 불평등이란 인간이 이룩한 발전과 성취에 따른 가능성에서 배제된 상태다.[2] 지금 비도시권에서 겪고 있는 소외, 빈곤, 무기력, 자학, 기회의 박탈은 불평등의 결과다. 그 배경에는 한국 사회가 오랫동안 알면서도 외면했던 도시 팽창이라는 현실이 있다. 자본주의는 사람들을 땅에서 뿌리 뽑아 도시로 내몰면서 시작했다.

땅을 자본화하면서 경작지를 몰수당한 사람들이 도시로 내몰린 것이다. 자본주의의 시작에는 언제나 자급노동과 자급농에 대한 평가절하와 그로 인한 빈곤과 약탈이 있었다.³ 임금노동자가 되지 않고서는 살아갈 수 없도록 극도의 빈곤 상태로 몰아넣는 불평등의 실현은 자본주의의 시작이고 결과이자 조건이다. 자본주의는 스스로를 부양하기 위해 이 과정을 반복한다.

또한 자본주의 정부는 도시로 내몰린 (예비) 임금노동자들이 저임금으로도 생계를 이어가도록 오랫동안 '농민 죽이기'를 해왔다. 먹거리 생산 자체의 가치를 떨어뜨리고, 수입산 먹거리로 가격 경쟁력을 떨어뜨린다. 자국 비도시 지역의 먹거리 생산량은 더욱 줄고, 결국엔 비도시 지역의 인구소멸을 방치한다. 주요 경제활동이 무너진 자리를 관광산업으로 대체하려 하지만 그마저 썩 성공적이진 못하다. 사람들은 떠나갔고, 시골은 계속 비워졌다.⁴

---

2   예란 테르보른, 《불평등의 킬링필드》, 이경남 옮김, 문예춘추사, 2014, 9쪽.
"불평등은 유형도 다양하고 그런 만큼 굴욕, 굴종, 차별대우, 조기 사망, 건강 악화, 지식습득, 주류 사회로부터의 소외, 빈곤, 무기력, 스트레스, 불안, 근심, 자신감이나 자존감의 결여, 기회 박탈 등 다양한 결과를 낳는다. 불평등은 지갑의 두께에만 한정되는 문제가 아니다. 불평등은 사회적 문화적 서열과 직결되어, 대부분의 경우 사회 활동에 참여하는 데 필요한 자원뿐 아니라 인간으로서 우리의 역량, 우리의 건강, 우리의 자존감, 우리의 자아의식을 손상시킨다."
3   영국에서 13세기에 시작된 인클로저, 미국에서 17세기에 시작된 프런티어, 일제강점기에 이뤄진 조선 토지조사사업, 1970년대 한국의 새마을운동이 대표적 사례다.

'자연인'은 대안이 아니다

　게다가 시골이니까 당연히, 기꺼이 불편함을 감수해야 한다는 고정관념과 낭만화가 한몫 거든다. 사람들은 '개발주의'와 '도시화'에 대한 반대가 소위 '자연인'이 되는 것이라고 믿는 것 같다. 자연인으로 살고 싶은 사람은 그렇게 살면 된다. 그러고 싶지 않은데 강요되는 상황과 조건이 문제다. 간단히 장을 보려고 20분 이상 차로 이동해야 하는 삶이 좋은 삶일 수 없다. 아프거나 다쳤을 때, 출산을 위해 목숨 걸고 가장 가까운 도시로 나가야 하는 삶이 좋은 삶일 수 없다. '자연인'이 된다는 것은 빈곤과 사회적 고립을 기꺼이 감수한다는 것인데, 자연인도 자동차는 필요한 것이 시골살이다. 우리가 모두 시골에 살기 위해 '자연인'이 될 수는 없다. 그럴 필요도 없고, 그래서도 안 된다.

　아무튼 시골에 대한 고정관념과 낭만화는 시골을 더 살기 힘들고 불편한 곳으로 만들고 있다. 그 결과 시골의 대중교통 인프라는 가까운 거리조차 쉽게 이동할 수 없는 상황에 놓였다. 빈집은 많지만 살 만한

4　시골의 공동화는 한국만의 문제는 아니다. 《얼떨결에 시골을 접수한 메르타 할머니》는 노인 강도단이 망해가는 시골 마을을 부활시키기로 마음먹고 활약하는 스웨덴 배경의 이야기다. 이 시골 마을의 모습은 이렇다. 학교는 문 닫기 직전이고 거리에는 폐업한 가게가 즐비하다. 은행과 소방서마저 자취를 감췄다. 정부는 이 마을에 도움의 손길을 보내기는커녕 망해가도록 방치하고 있다.

집은 구하기가 어렵다. 경제활동은 막막하다. 시골에서 사는 청년은 삶을 유지하는 데 필요하고 우리가 삶에서 기대하는 모든 것, 그러니까 일, 집, 친구, 교육, 자립, 참여와 같은 것들을 포기한 채 살아가야 한다. 이런 구조에 기꺼이 혹은 어쩔 수 없이 순응하는 사람들이 시골에 있다.

　　귀농이나 귀촌 후 자리 잡은 사람들은 대체로 세 가지 부류로 나뉘었다. 첫 번째 경우는 자신 혹은 가족 중 누군가가 교사이거나 교사 출신이었다. 두 번째는 자신 혹은 가족 중 누군가가 공무원이거나 공무원 출신인 경우였다. 세 번째는 자신 혹은 가족 중 누군가가 지역아동센터 등에서 안정적인 돌봄 일자리에서 일하는 경우. 다시 말해 가족 중 누군가는 안정적인 일자리에서 돈을 벌고, 다른 가족이 농사를 짓는 형태였다.

　　물론 내가 본 현실이 전부는 아닐 수 있다. 그러나 시골에서 농사만으로는 생활이 불가능하고, 관광을 비롯한 상업 영역에서 돈을 버는 것 역시 인구가 줄면서 힘겨워지고 있다는 것은 사실이다. 그나마 관광이나 상업으로 인한 수입은 여기에 대규모로 투자한 지역 외부로 흘러가고, 지역민에겐 단기 계약직 일자리가 떨어진다.[5] 일자리는 절대적으로 부족하고, 일할 사람도 없다. 시골살이의 불편함은 도시를 꿈꾸게 한다.

그럼에도 불구하고 시골에 살기

　그럼에도 불구하고 나는 시골에 '살기 위해' 왔다. 나는 때때로 지금까지 이룩한 인간의 발전과 성취를 재평가하고 그것의 새로운 쓰임을 찾아 재활용하거나 새활용(업사이클링)하는 것도 저항의 한 가지 방법이라고 생각한다. 물건을 업사이클링 한다는 것은 지배적인 생활방식과 생각과 관습을 재해석하는 것이다. 버려진 유리 조각으로 목걸이나 귀걸이를 만들고, 병뚜껑에 꽃을 넣어 브로치를 만들고, 청바지를 해체한 후 필요한 소품을 만든다. 대량으로 만들어지고 대량으로 버리는 것이 당연한 자본주의 생산과 소비 방식을 거스르는 실천이다.

　돈을 벌어 구입하고 싫증 나면 버리는 삶은 자본주의에서 권장하는 방식이다. 그 과정에서 사람도 물건도 자연도 쉽게 사용되고 버려진다. 우리는 버리고 버려지는 삶에 익숙하다. 순환하지 않는 삶이다. 분열되고 단절된다. 그러니 우리가 살아가는 모든 것을 업사이클링해보면 어떨까?

　그러려면 우선 도시를 떠나거나 (도시농업 등의 방법으로) 도시를 해체해야 한다. 도시는 순환하지 않는 공간이다. 착취와 소비가 최선이고 최적인 곳이다.

5　가령 대기업 자본이 스키장과 리조트 등의 대규모 관광시설을 만들고, 지역 청년들이나 주민들은 그곳에서 철에 따라 아르바이트를 하는 식이다.

새로운 쓰임을 위해 무언가를 만들 때 해체부터 해야 하는 것처럼, 도시를 축소하고 도시적이지 않은 것들과 뒤섞어야 한다.

시골 또한 해체하고 재활용, 새활용을 해야 한다. 판매를 목적으로 하는 농업, 화학비료와 비닐 멀칭 등으로 자연을 파괴하는 농업을 지원하고 육성하는 방식은 해체되어야 한다. 시골을 땅과 더 가깝게 기대어 살고자 하는 사람들을 위한 곳으로 재해석해보면 어떨까. 자급농과 자연농[6]을 지원하고 육성하는 방향으로 말이다. 영화 〈대지에 입맞춤을〉은 생태계 보전과 기후위기의 해법을 땅에서 찾는다. 지구를 더 뜨겁게 달구기만 하는 아스팔트도 땅에 씌운 비닐 멀칭도 걷고, 땅속 미생물과 풀, 먹거리가 함께 어우러지도록 하면 된다.

도시보다 시골에 더 많은 사람이 살면 먹거리를 생산하고 이동하고 버리는 데 들어가는 에너지를 줄일 수 있다. 무엇보다 시골에서는 자기 자신을 위해 직접 쓰이는 노동을 할 수 있다. 내가 원하는 만큼, 필요한 만큼만 생산하고 소비할 수 있다. 쓸모가 다한 것들을 순환해 다른 쓸모로 바꿀 수 있다. 도시에서는 쓰레기인 똥과 오줌, 음식물을 다시 자연으로 돌려보내고 그

---

[6] 자연농은 땅을 공경하고 경작하지 않으며, 화학제품을 사용하지 않는 농법이다.

힘으로 새로운 먹을 것을 만들어낼 수 있다. 그리고, 그래서, 그 결과로 시골이 순환의 공간이자 대안이기를 바란다.

　　시골이 순환하는 공간이자 대안의 공간이 되기 위해서는 무엇보다 단절된 것들을 연결해야 한다. 지금 시골은 오히려 단절되고 고립되기 쉬운 공간이다. 이동권을 보장해야 하는 이유다. 또한 임금노동이나 판매농이 아니어도 먹고살 수 있어야 한다. 시골에서야말로 임금노동을 하더라도 최소한의 시간만 들이고 자급농을 하면서 삶을 살아가는 방식이 가능해야 한다. 돈이 없어도 거주할 수 있는 집이 있어야 한다. 홀로 고립되어 아프거나 죽지 않도록 돌봄 체계를 만들어야 하고, 아이들과 청년들이 시골에서 살아가는 데 자긍심과 만족감을 느낄 수 있어야 한다.

　　내가 생각하는 대안은 궁극적으로 도시와 시골의 구분을 모호하게 하고 서로 뒤섞이도록 하는 것이다. 임금노동과 자급노동이 뒤섞이고, 대부분 자급농과 소농으로 먹거리를 생산하는 것이다. 이렇게 자급으로 생산해도 늘 남는 것은 있기 마련이다. 마을마다 작은 플리마켓을 열고, 안 쓰는 물건과 남는 먹거리, 직접 생산한 생필품, 예술품 등을 교환하거나 나눌 수 있으면 좋겠다. 이 작은 마켓에는 언제든 자신이 가진 지식이나 생각을 나누고자 하는 사람이 참여해 토론을 이끌어낸다. 따로 관광을 위한 축제를 열 필요도 없다. 정기적으로 열리는 이 작은 마켓이야말로 지역 특성을 살린 작은 축제가 될 테니 말이다. 돈도 물건도 사람들의 생각도 외부가 아니라 지금, 여기서 순환할 수 있다. 아이들은 마켓을 운영하고 참여하면서 경제와 민주주의를 배운다. 마켓을 이끌고 운영하는 사람에게는 지자체와 공동체에서 교육과 임금을 지불한다. 마을마다 있는 작은도서관에서는 책과 영화, 도구와 에너지를 공유하며, 이웃이 서로를 돌볼 수 있도록(물론 공짜는 아니어야 한다) 삶의 방식을 재구성하는 방향이면 좋겠다. 지금 시골은 사람이 너무 적은 마을이 많으니까 우선은 면이나 읍 단위로 플리마켓을 여는 것도 좋겠다.

    나는 대안이란 괜찮은 삶을 더불어 누리기 위해 노력하는 사람들이 만드는 가능성이라고 믿는다. 정치는 그 가능성을 찾고자 하는 사람들의 활동을 보장하고 권장해야 한다. 또한 누군가의 목소리가 너무 크거나 작지 않도록 잘 살펴야 한다. 목소리의 크기 때문에 간과되는 존재나 가치가 있어서는 안 되니까. 그것이 내가 생각하는 민주주의다.

2부

연결될 권리: 시골과 이동권

1. 버스와 나: 시골 버스 타고 다닙니다

　　오랜만에 옆 마을 작은도서관에서 수업을 맡았다. 천연 삼베 수세미를 만드는 수업이다. 수업이 있는 ○○마을의 작은도서관 앞으로는 하루에 4회 운영하는 시골 버스 한 대가 지나간다.
　　나는 대중교통이라고는 버스와 택시뿐인 이곳에서 여전히 버스를 고집하며 살고 있다. 가능하면 나라는 존재가 지구에 덜 부담을 주는 방향으로 살고 싶기 때문이다.
　　수업이 있는 ○○마을로 가려면 △△면 버스 공용 터미널로 가는 버스를 타고 가서 환승을 해야 한다. 나는 다른 사람들에게 차편을 부탁하기보다는 기다리기를 선택한다. 최소 환승 시간(보통

30~40분)을 따져 집을 나선다. 그러면 수업 시작 두 시간 전에 도착하게 되지만 버스 터미널에서 멍하니 기다리는 것보다는 낫다. 수업이 끝나고 다시 집으로 돌아오는 길은 더 험난하다. ○○마을로 가는 버스보다 △△면으로 나오는 버스 노선이 더 적기 때문이다. 수업이 끝난 후 두세 시간을 기다려야 버스를 탈 수 있다. 별수 없이 수업에 참여했던 분의 차를 얻어 탔다.

"조만간 여기를 떠날 생각이에요." 차 안에서 서로의 근황을 이야기하다가 대뜸 꺼내놓은 그의 말이다. 그는 집 앞 텃밭에서 스스로 먹을 것을 키우고 자연에 피해를 덜 주며 살아가는 지금의 삶이 누구보다 행복하다고 했었다. 그랬던 마음이 변한 걸까? 다시 도시의 편리함이 좋아졌을까? 돌아오는 답은 내 예상과는 달랐다. "혼술에 지쳤어요." 듣고선 나 역시 고개를 끄덕였다.

우리는 늘 어딘가로 움직인다. 사람이 움직이는 곳을 따라 길이 생기고, 더 편리한 이동을 위해 교통편이 만들어진다. 길과 교통의 편리함에 따라 상권과 마을, 일자리가 만들어지고 공동체가 완성된다. 사람들은 시장에 가고 돈을 벌기 위해서뿐만 아니라 누군가와 만나거나 즐길 거리를 위해서도 움직인다. 그런데 농촌에서는 이동이 어렵다. 그러다 보니 일자리를 구할 때도 자가운전은 당연한 전제 조건이고,

누군가를 만나 술을 한잔하려 해도 음주 운전이냐 비싼 택시비냐를 고민해야 한다. 그리고 이 모든 것은 개인이 감당해야 하는 몫이다. 연결되지 못하는 시골살이는 사람들을 각자도생으로 몰아간다.

내가 처음 귀촌했던 곳은 가까운 면으로 향하는 버스가 하루 3회 운행하는 곳이었다. 출퇴근하는 사람들의 시간에 맞춘 운행 시간 때문에 낮에는 이동할 수단이 없었다.[1] 집 대문 바로 옆이나 골목을 돌면 편의점, 가게, 식당이 즐비했던 대도시에 익숙한 몸은 답답함을 견디기 위해 소비를 꿈꾸게 했다. 읍내나 면에 가면 먹고 싶은 것, 사고 싶은 것을 생각하며 그 시간을 견뎠던 기억이 생생하다. 농촌에서 살면 욕망이 줄어들 것이라는 생각은 나의 오판이었다. 불편함은 오히려 불필요한 욕망을 키웠다.

---

[1] 길어야 10분 정도면 탑승도 환승도 가능한 대도시와 달리 시골에서는 탑승 대기 시간도 환승 대기 시간도 길다. 목적지로 가는 노선은 하나뿐이다. 이번에 놓치면 다음 버스가 올 때까지 대기해야 한다. 그 시간은 보통 30분에서 1시간이고, 1시간 30분을 기다려야 할 때도 있다. 목적지로 바로 가는 노선이 있으면 다행이다. 환승해야 할 경우는 더 심각하다. 환승 터미널로 이동 후 목적지로 향하는 버스를 기다리는 시간도 평균 30분에서 1시간이다. 환승할 차편이 없어지기도 한다. 버스 시간은 운수업체 사정에 따라 변하고, 달라진 정보는 터미널에서만 확인할 수 있었다(2024년 5월 이후 군 홈페이지에서 확인할 수 있게 됐지만, 시골에는 인터넷을 사용하지 못하는 사람도 많다). 내가 살고 있는 지역의 대중교통 사정에 대한 이야기지만, 내가 방문했던 다른 시골 지역의 사정도 별반 다르지 않았다.

시골 버스는 어떻게 '교통 약자'만의 것이 되었나?

"시골에서 살려면 면허부터 따고 차부터 사야지!"
"차 없이 불편해서 어떻게 살아요?"
"여기서 일하려면 차 운전이 필수입니다."
"그동안 면허는 왜 안 땄어요?"
"자가운전하시죠? 이 일은 기동성이
중요하니까요."

내가 시골에서 살기로 결심한 이후부터 지금까지, 시골에서 대중교통을 이용하겠다고 하면 줄곧 듣게 되는 이야기들이다. 나는 이 이야기들을 "왜 그렇게 힘들게 살아?"라는 말로, 또 걱정과 비난 사이쯤으로 느꼈다. 나는 이 말들에 흔들리기도, 상처받기도 하며 여태껏 대중교통을 고집하며 살아왔다. 그리고 대답해왔다.

"불편하다고 각자 개인적인 방법으로 해결하면 결국 악순환이 되지 않을까요?"

그러니까 문제라고 느끼면서도 순응하고 싶지 않았다. 삶의 문제는 대부분 구조에서 나온다. 페미니스트들은 '개인적인 것이 곧 정치적인 것'이라고 했다. 누구나, 어디든, 편리하고, 안전하게 대중교통으로 이동할 수 있어야 한다. 나는 내가 사는 지역의 버스 시스템과 이를 만들어낸 구조를 알아보기로 했다.

무진장여객은 진안군에 본사를 두고 진안군, 무주군, 장수군을 운행하는 농어촌 버스 회사다. 운행 노선이 워낙 길어 이용객의 불편과 불만이 쌓여 있었다. 이에 2022년 진안군, 무주군, 장수군은 3개 군을 운행하는 버스 노선을 각 자치군별로 운행하는 것으로 분리·개편하기 위한 용역을 실시했다. 이 용역 보고서에 따르면 3개 군 모두 대중교통을 이용하는 인구는 10퍼센트에 불과했다.[2] 또한 보고서는 인구소멸의 길로 접어든 농촌에서 대중교통을 이용하는 인구 비중은 점점 줄어들 것이라고 전망했다.

그런데, 정말 그럴까? 시골에서 대중교통 이용자가 감소하는 건 인구 감소 때문만은 아니다. 오히려 불편한 대중교통이라는 문제를 각자도생의 방법으로 해결해온 것이 그 본질적 이유다. 대중교통 시스템의 구조를 바꾸지 않고 사람들이 각자 문제를 해결해왔기 때문에 대중교통 이용자가 감소했다는 말이다.

그렇다면 대중교통을 이용하는 10퍼센트의 교통

---

[2] 진안군·무주군·장수군, 《진무장지역 농어촌버스 노선체계 개편 최종보고서》, 2022년 12월, 진안군·무주군·장수군, 30~31쪽(미공개 자료).

약자들은 누구이며, 그들은 어떤 상황을 경험하고 있을까?

2. 풍경들: 아는 사람만 탈 수 있는 시골 버스

저녁에는 못 타니, 혼자 놀거나 외박하세요

"한 시간 넘게 기다렸는데 버스도 택시도 없어."

시간은 저녁 7시. 공용 버스 터미널에서 만난 두 할머니가 당황한 얼굴로 도움을 요청했다. 서울에서 지인을 방문하러 왔는데 생각지 못한 상황에 놓인 것이다. 시골에서 저녁 시간 이후 택시를 탈 수 있는 곳은 읍내뿐이다. 아니면 안면이 있는 택시 기사님께 미리 양해를 구하고 예약을 해두어야 한다. 이곳은 서울에서 오는 직행버스가 정차하는 곳이긴 하지만 읍은 아니다. 아는 택시 기사님들께 연락해봤지만

안 된다는 대답만 돌아온다. 고민 끝에 할머니들을
경찰관에게 부탁했다.

이용하기 불편한 운행 시간표

시골 버스를 이용하려면 면이나 읍에 있는 버스
터미널이나 정류소에 있는 시간표를 저장해둬야 한다.
내가 있는 위치에서 가고자 하는 방향과 출발 시간을
확인하면 된다.

문제는 배차 시간이 바뀐 경우다. 바뀐 버스
시간표는 터미널에만 공지되는 경우가 많았다. 때때로
버스 정류소에 시간표를 붙여놓기도 하지만, 어쨌든
바뀐 시간표를 미리 확인할 방법은 없다. 이럴 때는
답이 없다. 그냥 다음 차가 올 때까지 한 시간 이상
기다리거나 택시를 타야 한다. 그러니 긴장할 것!
익숙한 버스 시간도 다시 보자! 가끔 버스 기사들도
바뀐 시간을 몰라 엉뚱한 시간에 운행하는 경우도
있다.

코로나19 재난 시기에 옆 동네로 가는 데 하루를
온종일 썼던 기억이 생생하다. 코로나19로 인해 버스
운행이 대폭 줄었고, 노선도 바뀌었다는 걸 미처
확인하지 못했기 때문이었다. 물론 그 정보를 확인할
방법도 없었다. 이미 나선 길이라 어디든 가야 했고,
집에는 다음 날이 되어서야 돌아올 수 있었다. 그리고

코로나19 재난 시기가 지나가자 버스는 '원래의' 불편한 운행 시간으로 되돌아왔다.³ 더 불편한 시스템에서 덜 불편한 시스템으로 돌아와 다행이라고 해야 하나?

언제, 어떤 노선을 타면 되는지 알려면 일단 경험해보세요

만약 지금 누군가 시골살이를 시작해 처음 버스를 이용하려고 한다면, 가장 난감한 순간은 아마 '우리 마을에서 언제 버스를 타야 하는지'를 생각하기 시작할 때일 것이다. 그걸 모르면 버스를 탈 수 없다. 면이나 읍 소재지에 거주한다면 그나마 낫다. 버스 시간표는 면이나 읍에서 출발하는 시간으로 정리되어 있으니까. 문제는 버스를 탑승할 곳이 면이나 읍 소재지가 아닌 경우다. 내가 이용할 수 있는 노선이 어떤 노선인지, 내가 있는 마을에서 해당 노선을 타려면 언제 어떤

---

3   2024년 5월 1일부터 진안군 소재 차고지를 거점으로 진안, 무주, 장수를 모두 운행하던 버스 노선을 진안군, 무주군, 장수군이 각각 분리해서 운행하게 됐다. 그래서 덜 불편해졌냐고 하면 별 다를 바가 없다. 일부 배차가 늘어나 편리해진 노선이 있는가 하면(이 노선은 원래도 차편이 많은 축이었다), 원래 불편했던 일부 노선은 더 불편해졌다(하루 세 편이었던 차편이 두 편으로 줄었다). 직통으로 가던 노선이 환승 노선으로 바뀌면서 교통비 지출이 늘기도 했다. 환승 할인도 없기 때문이다. 버스 이용의 불편이 나아지지 않는 건 버스 운행 시간과 배차 관련 업무를 하는 담당자가 대중교통을 이용하지 않아 이런 상황을 모르거나 간과하기 때문일 것이라고 짐작한다. 나는 버스의 운행 시간과 배차를 변경할 때 이용자의 의견을 묻고 반영하는 시스템이 상시적으로 운영되는 구조를 만들어야 한다고 생각한다.

방향에서 타야 하는지 알아내야 한다. 예를 들어 ○○면에서 ○○읍으로 출발하는 버스가 우리 마을에 몇 분 후에 도착하는지를 알아야 한다. 예정된 시간보다 빨리 지나갈 수도 있으니, 미리 대기하고 있어야 한다. 보통 5~15분 정도?!

    이 모든 것은 경험에서 나온다. 경험이 없는 채로 처음 시골 버스를 이용하고자 한다면? 대중교통을 이용하는 마을 주민에게 도움을 구하거나 버스 회사에 전화로 문의해야 한다. 아! 혹시 버스 기사가 못 보고 무정차로 지나갈 수 있으니 버스가 보이면 열심히 손을 흔들어 어필하는 것도 잊지 말자.

3.

시골 버스의 사정

무정차, 무안내, 나를 두고 가지 말아요

시골 버스 운영 방식에 익숙해지기 전 고마운 기사님들에 대한 기억이 있다. 막 시골살이를 시작한 터라 버스 시간표가 때때로 내겐 암호처럼 느껴졌다. 버스에는 크게 '○○'이라고 써 있는데 무슨 의미인지 알 수 없었다. 물어물어 그것이 '○○ 방면'이라는 의미를 알게 되었지만, '○○ 방면'의 의미는 더욱 복잡했다. '○○ 방면'이라고 써 붙인 것을 종종 봤던 터라 당연히 ○○으로 갈 것이라고 생각해서 타려고 했던 버스는 ○○ 방면으로 가다 중간에 회차를 하는 버스란다. 망연자실. 다음 버스는 두세 시간 후에나 올 예정이었다. 오늘 내로 집에 갈 수 있을지 막막했다.

다행히 그때 한 버스 기사님이 상황을 듣고 가장 가까운 환승 터미널에 나를 내려주시고는 '쿨하게' 떠나셨다.

안 좋은 기억도 있다. 시골 버스는 정류소가 있어도 타고 내리는 사람이 없으면 무정차로 지나가버리는 경우가 많다. 그런데 정류소 안내 방송이 없다. 낯선 곳으로 가던 나는 긴장한 채로 눈을 부릅뜨고 지켜봤지만 결국 정류소를 지나쳤다는 것을 깨닫는다.

어두운 버스 정류소에서 막차를 기다리다 쌩하니 가버리는 버스의 뒤꽁무니를 원망하며 바라보거나, 타고 내리는 정류소가 달라 버스를 놓치기도 한다. 바뀐 버스 시간표에 맞춰 나갔더니 기사님은 이전 시간표대로 운행하는 바람에 차가 먼저 지나가버린 적도 있다.

분노에 겨워 버스 회사나 군청에 민원을 넣으면 돌아오는 대답에 마음이 무거워진다. 해당 기사를 징계하고 민원인의 차비(택시비)를 부담하게 한다고 했기 때문이다.

과속을 부추기는 장거리 운행, 저임금,
밥 먹을 시간도 장소도 마땅치 않은 열악한 노동조건

오랫동안 노동인권 강의를 해왔던 경험에 따르면,

노동자의 불친절이나 서비스 질 저하의 원인은 대부분 노동조건의 열악함이었다. 시골 버스의 과속과 무정차, 무안내, 배차 간격의 문제도 그렇지 않을까? 그래서 이 지역 버스 회사인 무진장여객 내 주류 노조와 다른 목소리를 내고 있는 서동균 씨를 만났다.

그는 인터뷰를 시작하자마자 이야기를 쏟아내기 시작했다. 할 말이 많아 보였다.

"지금 우리가 (시속) 60키로로 6키로를 가면 10분이 걸려요. 그런데 그렇게 갈 수 없어요. 어르신들이 자리에 앉는데 1분, 출발하기까지 1분이 걸리는데 무주에서 설천까지 가는 데[4] 20분을 주는 거예요. 제가 밤에 막차로 한 번도 안 쉬고 과속으로 갔을 때도 17분이 걸려요."

그러니 과속할 수밖에 없는 시스템이라는 것이다. 과속해도 배차 시간을 맞추는 건 아슬아슬하고, 그러다 보니 기사들은 고령자들이 자리에 빨리 앉지 않는다며 화를 내기도 한다.

무진장여객 운전 노동자의 임금은 월 250만 원(2022년 기준) 정도인데 근무조건이 열악했다. 한 달

---

[4] 18킬로미터 거리로, '네이버 지도'로 검색하면 승용차로 이동하는 데만도 18분이 걸린다

〈사진1〉 무진장여객 버스에 자리 잡은 아이스박스. 버스 기사의 도시락이 담겨 있다.

20일 근무, 주 52시간제로 아침 6시부터 저녁 8시까지 운행하는데, 휴게 시간 2시간을 빼고 탄력근무시간제로 10시간을 근무한다고 했다.

"50퍼센트가 계약직이고, 그나마 정규직이 퇴사하면 그 자리는 계약직으로 채워져요. 밥값 문제도 (2022년) 8월 8일부터 겨우 1,000원 인상해서 하루 1만 5,000원을 받는데, 밥 세 끼를 그 돈으로 먹을 수가 없잖아요. 우리가 점심시간 같은 경우에도 여기(○○터미널)에 기사 식당이 하나밖에 없는데, 그나마 일요일에는 문을 닫아요. (식사하는 시간을) 버스를 홈에 대는 시간까지

포함해서 30분을 주는데, 버스를 홈에 대는 시간이
10분이에요. 20분간 밥을 먹으라는 거예요.
쉴 곳도 없어요. 이런 어처구니없는 현실에서
노동자가 무슨 서비스나 친절을 베풀 수 있겠어요."

무진장여객 버스를 한 번이라도 타본 사람은 아는
좌석이 있다(《사진1》). 바로 아이스박스가 놓여 있는
좌석이다. 나는 이 아이스박스에 휴식 시간에 이용할
간식이나 음료가 들어 있을 것이라고 짐작했는데,
도시락이 담겨 있었다. 식사할 곳도, 식비도 부족하기
때문이다. 노동자의 처우를 확인할 수 있는 가장
직관적인 방법은 그의 생리적 현상을 처리하는
곳, 식사하는 곳, 휴식 조건을 보는 것이라고 한다.
무진장여객의 노동자의 처우는 이렇게 확인됐다.

위험! 가끔은 고장 난 버스를 타고
목적지까지 가야 해요

나는 계절을 고스란히 느끼고 볼 수 있는 이곳을
좋아한다. 개천을 따라 흐르는 물살과 때를 맞춰 옷을
갈아입는 각종 초록색들, 군데군데 예쁘게 핀 꽃들,
땀 흘려 심어 가꾸는 옥수수, 고추, 호박, 가지, 오이,
콩이 자라는 모습, 가을이면 황금빛으로 물드는 논과
알록달록 단풍, 겨울에 내리는 시린 눈까지.

시골 버스를 타고 마을마다 구석구석을 돌며 이 풍경들을 눈에 담는 것이 좋다. 그럴 때면 '이곳에 살아서 좋다!'라고 생각한다. 갑자기 버스가 불길하게 덜컹거리거나 오일이 새거나 하는 문제가 생기지 않는다면, 버스가 갑자기 길에서 서버리지만 않는다면 말이다.

때때로 버스 운전기사는 운행을 하면서도 연신 누군가와 통화로 버스의 문제를 진단하고 해결 방법을 찾는다. 아예 논밭 사이에 버스가 퍼진 적도 있다. 한번은 버스가 30분 넘게 안 와서 혹시 지나간 건가, 배차 시간이 변경된 건가, 별생각을 다 하며 기다린 적이 있는데 버스 고장으로 느릿느릿 운행하느라 늦어진 경우였다. 이렇게 늦어져도 다음 버스는 보통 1~3시간 후에 탈 수 있다. 다른 방법이 없다. 이 버스를 타야 한다. 결국 평소 20분이면 갈 거리를 1시간 넘게 걸려 도착했다.

고장 난 차량으로 운행하는 건 문제 아닌가? 고장 났을 때 대체할 버스나 시스템은? 정비는 어떻게 하지? 궁금했다. 다시 서동균 씨의 말을 들어본다.

"지금 우리 차 2014호 같은 경우에는 조사를 해봐야 알겠지만 엔진을 철사로 묶고 다닌다고 들었어요.[5] 무진장여객에 정비사가 3명 (2022년 인터뷰 당시, 2023년 2명, 2024년 3명)이 있어요. 차량 수리는 거의 다 전주로 가서 해요. 지역에 있는 공업사를 두고 왜 전주로 가는지 알고 싶어요. 무진장에서 받은 돈은 이 지역에서 써야 하는데 전주로 가고 있어요."

긴급하게 수리해야 하는 경우에는?

"회사에서는 간단한 것만 하는 거죠."

버스 터미널에서 직행버스와 무진장여객 버스가 대기하는 곳은 확연하게 구분된다. 무진장여객 버스가 대기하는 위치는 떨어진 엔진오일로 새까맣다.

"이것도 행정기관에 여러 번 얘기했어요. 눈으로 다 보이는데도 소용없어요."

2023년 취재 당시 무진장여객은 타이어가 심각하게 마모된 차량, 노화가 심각한 차량, 기름이 새는 페달을 제대로 정비조차 하지 않고 운행을 강행했다. 정비 불량으로 인한 사고 소식도 계속해서

5 **2022년 6월 인터뷰 당시.**

들려온다. 운행 중 양쪽 뒷바퀴가 분리되거나, 눈길에 미끄러져 논에 떨어졌다거나. 회사는 폭우에도 와이퍼가 고장 난 차량으로 운행하라는 업무 지시를 내린다. 노동자들이 목숨 걸고 운전한다는 증언도 들을 수 있었다.

그렇다면 버스 정비는 언제, 어떻게 하는 걸까. 2022년 가을, 나는 무진장여객이 속한 행정군인 진안군 교통행정과에 정보공개청구를 했다. 무진장여객의 차량 정비 내역과 그에 따른 정비 비용이 궁금했다. 오랜 기다림 끝에(한 달이 넘게 걸렸다) 받은 답변은 무성의하기 짝이 없었다. 누가 봐도 대충 써낸, 알아볼 수조차 없는 정비일지는 그렇다 치고 대조할 정비 내역과 비용을 확인할 수도 없다고 했다. 당시 진안군 교통행정팀 팀장은 권한 밖이라는 말만 반복했다. 그 후 해당 팀 팀장이 바뀌었지만 달라진 것은 없다.

행정의 방치와 무관심 속에서 대중교통의 안전 문제가 위태롭다. 잦은 고장으로 인해 임시 대차 버스가 수시로 운행되는 현실이 반복된다. 이에 대해 김상철 공공교통네트워크 정책위원장은 현재 대부분의 지자체가 버스 회사의 실제 운영경비 등의 데이터를 갖고 있지 않아 이를 검증할 방법이 없다고 말했다. 더군다나 운송업체가 지자체의 지원금을 이런저런 명목으로 유용해 회사의 이윤으로 돌려도 딱히 감시되지 않는다. 현행 운수업계 보조금은 평가받지 않는다는 점을 핑계로 지자체들은 버스와 관련한 모든 비용을 운수업계 보조금으로 임의 편성해 정산 의무를 회피하는 실정이다.[6]

그렇다면 시골 버스의 구조적 문제는 어떤 방식으로 풀 수 있는 걸까? 누구나 어디든 갈 수 있어야 한다는 점에서 이동권은 인권의 하나이며, 공공서비스라는 정치 영역에서 다루어진 지 오래다. 그런데 대중교통 수단, 특히 '노선권'은 운송업체에 의해 사적으로 점유된 상태다. 즉, 대중교통 기반 시설과 시스템 소유권은 민간에 있으나 운영비는 대부분 보조금(세금)에서 나온다는 모순이 이 문제의 핵심이다. 그래서 나는 노선의 조정과 운영, 그에 대한 기반 시설을 공공이 소유하는 대중교통 공유제를 지지한다.[7]

이처럼 불편하고 위태로운 버스 운행 상황에도 눈이나 비가 많이 오면 지자체 명의로 안전 안내 문자가 온다. '이동을 자제하고 가급적 자가운전을

---

[6] 김상철, 〈현행 버스체계와 새로운 공공교통의 가능성: 공영제 대안을 중심으로〉('우리 이제 말해보자 행복한 무진장 버스 이대로 좋은가?' 토론회 발제문, 2022년 11월 25일) 참조.

[7] 버스 공영제는 버스 노선을 정부나 지자체가 소유하고, 직접 운영하거나 공사나 공단 등을 통해 운영하는 방식이다. 대중교통 공유제는 대중교통으로 사용하는 모든 수단, 즉 버스, 지하철, 기차, 자전거 등을 포함하는 개념으로 사용했다.

하지 말고 "안전하게" 대중교통을 이용하라'는 내용이다. 나는 그럴 때마다 헛웃음이 나온다. 정치는 실종됐고, 안전은 개인에게 떠넘겨졌다. 어떤 곳도 어떤 방법도 안전하지 않지만, 결정은 개인이 내렸으니 책임도 개인이 질 것이다.

4. 시골 버스 문제는 교통 약자들의 문제일 뿐: '거리두기'와 저상버스, 능력주의

대중교통 문제를 교통 약자의 문제로 본다는 것

2022년 11월 무주군 의회에서 한 의원이 대중교통 문제를 언급했다. 무관심보다는 나으니 유심히 들었지만, 예산과 교통 약자들의 편의를 위해 노력해달라는 원론적인 말을 하는 데 그쳤다. 버스를 이용하지 않는 그에게 대중교통 문제는 심각하게 와닿지도, 시급하지도 않았을 것이다.

지역 언론사에서 기자로 일할 때 나는 가장 먼저 버스에 관한 기사를 썼다. 그런데 당시 편집장은 이미 버스에 대한 문제점은 많이 보도되었으니 다른 아이템을 고민해보라고 내게 조언했다. 나는 단순히 운전기사의 불친절이나 버스 차량 고장 문제 같은 내용이 아니라 이용객으로서 느낀 바를 종합적으로 쓰고 싶다며 겨우 '허락'을 받았다.

    나는 궁금해졌다. 농촌 버스 운행의 문제점이나 불편함을 모두가 '알고 있다'고 하는데 왜 아직도 그대로일까? 나는 대중교통 문제를 '교통 약자의 문제'로 보는 데 그 이유가 있다고 생각한다.

    내가 그렇게 생각하는 이유는 '교통 약자'에 대한 두 가지 메시지를 감지하기 때문이다. 하나는, 대중교통 문제는 사회적으로 약한 위치에 있는 사람들만의 문제라는 '거리두기'다. 시골에서 자가운전자와 대중교통 이용자가 살아가는 세계는 철저히 단절되어 있다. 대중교통 이용자의 불편함은 그저 '그들만의 문제'일 뿐이다. 가족 내에서도 마찬가지다. 면허와 차량을 가진 사람은 귀찮지만, 본인이 시간에 맞춰서, 내킬 때, 대중교통 이용자를 '옮겨주면 된다'고 생각한다. 그 과정에서 발생하는 치열한 (운전자에 대한) 눈치보기나 불편한 감정은 알지 못하고 알 수도 없을 것이다. 내가 인터뷰했던 청소년들과 이주 여성들은 시골 대중교통 시스템 자체의 불편함 못지않은 것이 가족 내 자가운전자들에 대한 불편한 눈치보기라고 말했다. 종종 그가 시간이 날 때까지 기다리거나 대기해야 했고, 따로 움직이고 싶어서 태워주지 않아도 괜찮다고 하는데도 그의 시간에 맞춰 함께 이동해야 할 때도 있다고 했다. 한편, 때때로 자차 이용자들은 내가 대중교통을 이용한다고 하면 먼저 불편하겠다는 반응을 보였다가 이내 '느린 삶'이라는 삶의 지향에 대한 찬양으로 넘어가곤 했다. '거리두기'는 무관심이나 낭만화로 이어져 대중교통 문제점의 개선을 가로막고 있다.

다른 하나는, 한국에서 약자로 산다는 건 능력(이동권의 문제로 보자면 자격증과 차량이라는 물질 구매력)을 키워 그 위치에서 벗어나야 할 문제일 뿐이라는 메시지다. 즉, 약자라는 위치가 주는 불리함을 존중할 필요가 없다는 능력 지상주의의 메시지. '생태계 보호'를 위해서는 인간이 생태계에 미치는 영향을 고려해 삶의 형태를 바꿔야 하고, 대중교통 활성화는 그중 중요한 요소라는 이야기를 했을 때 돌아오는 대답은 늘 한결같다. 다 좋은데 여러모로 불편하니까 자가운전자가 되어 자유롭고 편리하게 살아야 하지 않겠냐는 '조언들'이다.

그렇게 대중교통은 모두가 알고 있는 문제점과 불편함 때문에 '교통 약자만' 이용하는 수단이 되었고, 소수자이자 약자만 그 이용자로 남았다.

저상버스

농촌 버스 이용객의 절반 이상은 여성, 특히

〈사진2〉 출입문 손잡이를 붙들고 높은 버스 계단을 힘겹게 오르는 고령자의 뒷모습 (촬영: 유대영).

고령 여성이다. 여성/고령자들은 아픈 무릎을 짚고 지팡이나 보행기에 의지해 버스의 높은 계단을 오르고 내린다(〈사진2〉). 그리고 운전이 힘든 고령 노인,[8] 운전면허를 따거나 차를 소유하기 힘들 정도로

---

[8] 시골 버스 문제가 운전기사의 불친절 문제가 아니라 구조의 문제라는 기사를 쓴 후 많은 사람이 내게 대중교통과 이동권에 대한 자신의 경험을 나눠주었다. 한 70대 여성 운전자는 운전면허를 갱신하기 위해 검사하러 갔다가 쏟아지는 눈총과 모욕을 경험했다고 한다. "나이 많은 여자가 운전하는 건 위험한데 욕심이 과하다"라는 말을 들은 것이다. 그는 "혼자 사는 내가 급하게 뭔가 필요한 것을 사러 나갈 때, 가까운 읍이나 면으로 나가려면 차가 없으면 힘든 현실"이라며 대중교통 시스템이 편리하면 운전면허 반납하고 교통비 20만 원 받고(2020년 이후 시행되었고, 실제로는 현금이 아니라 교통카드로 지급된다) 버스 타고 다니겠다며 억울해했다.

가난하거나 경제권이 없는 이들[젊은 결혼이주 여성, 청소년, (높은 버스 계단을 오르내릴 수 있는) 장애인]이 이용객의 대부분이다.

그런데도 무진장여객에는 아직(2024년 기준) 저상버스가 한 대도 없다. 그래서 나는 2023년 1월 27일부터 대·폐차 차량을 저상버스로 도입해야 한다는 교통약자법 개정안이 적용된다는 소식이 반가웠다. 무겁고 큰 가방을 자주 가지고 다니는 내게도 좁고 높은 버스 계단은 힘겨웠기 때문이다.

그러나 2023년 3월 무진장여객은 "도로 여건상 굴곡(방지턱 등)으로 저상버스 운행에 부적합"하다는 것을 이유로 '저상버스 도입 예외 승인 신청서'를 진안군 교통행정팀에 제출했고 진안군 교통행정팀은 다음과 같은 이유로 이를 승인했다. "전기 및 수소 충전소 미구축, 차고지 부지 협소 등 단기간 내 충전소 구축이 힘들고, 전체 노선 굴곡 및 급경사, 방지턱이 높아 저상버스 운행이 불가능"하다는 것이다.

나는 동료들과 함께 저상버스 도입을 망설이는 진안군을 대신해 저상버스 예외 승인의 근거가 되는 방지턱의 높이를 확인하고, 운행을 관찰했다. 또 문제가 된다고 한 회차 지점을 직접 방문해 확인했다. 우리는 문제가 없다는 결론을 내렸다.

그래도 혹시 몰라 가까운 거창군의 저상버스 운행

사례를 확인했다. 거창은 2022년부터 전기 저상버스 3대를 운행 중이다. 무주 사오정이 무진장여객과 거창 서흥여객의 버스가 만나는 곳이라는 제보를 받고 시간에 맞춰 기다렸다. 그곳에서 만난 거창 서흥여객 소속 버스 기사에게 저상버스 운전 경험을 물었다. 그는 "골짜기 빼고 아무 문제 없다. 방지턱도 중형이나 소형 저상버스는 상관없다"라고 했다. 거창은 노선을 지선과 간선으로 분리해 운행 중이다. 2023년 당시 운행 중인 저상버스 3대는 모두 대형이라 큰길로만 운행한다. 거창은 2023년에도 대·폐차로 인해 4대(대형버스 2대, 중형버스 2대)의 저상버스를 도입한다고 했다.

　한국에서 이동권은 장애운동에 의해 확장되고 개선됐다. '2023 옥천주민참여정책학교'에서 만난 전국장애인이동권연대 이재민 강사는 현재 저상버스 의무 도입을 조금이라도 더 지연하려는 지자체들에 답하기 위해 저상버스 모델과 회사를 직접 조사한 내용을 밝혔다. 그의 조사에 따르면 저상버스는 대형, 중형, 소형까지 이미 다양하게 제작되고 있었다. 좁은 길을 운행하는 데는 중형 저상버스나 쏠라티(소형버스)를 도입하면 되고, 급한 경사에는 닐링 기능이 있는 차량을 구입하면 된다. 방지턱 구간도 닐링 기능이 있는 버스를 도입하고 도로를 개선하면 해결할 수 있다고 했다. 닐링 기능이란 도로 조건이나 운행 상태에 따라 차량 운행 상태를 자동으로 조절하고 운전자의 위치 조작에 따라 높이 조절이 가능한 기능이다. 승하차 시에도 이 기능을 사용할 수 있다.

나는 시민단체 활동가도 알아볼 수 있는 이런 내용을 지자체와 지자체에서 요청한 전문가는 확인하기가 어려웠던 건지 의문스러웠다. 어쩌면 버스 계단보다 저상버스를 바라보는 의결권자들의 감정규칙에 내재한 이데올로기가 문제일지도 모르겠다.

자가운전이라는 '능력'

내가 만난 사람들 대부분은 (버스를 이용하지 않기 때문에) 농촌의 대중교통과 이동권에 대해 모르거나 관심이 없었다. 또는 이를 소수의 '교통 약자' 문제로 인식하고 있었다. 해결되면 좋겠지만 해결하기 힘들 것이고 안 돼도 어쩔 수 없다는 것이다. 무엇보다 한국에서 자가운전은 개인 능력의 문제다. 운전도 하지 않고 차도 없는 나는 '게으르고 무능한 사람'이다. 이런 인식은 한국 사회가 사회적 소수자나 약자에게 던지는 시선이기도 하다. 그렇게 생각하지 않더라도 '신속한 이동력'을 가지지 못한 나는 결과적으로 배제된다.

대중교통을 이용해 일하던 사람들은 점점 일자리를 잃고 있다. 정확하게는 일자리에서 배제되고 있다. 얼마 전 나의 지인은 오랫동안 장애인활동지원을 해왔던 집에서 그만 오라는 통보를 받았다. 자가운전을 하는 사람으로 대체하면 더 편할 것이라는 게 그 이유였다. 오랫동안 마음을 다해 활동지원을 해왔던 지인은 마음에 입은 상처가 더 크다고 했다. 이 지역 구인광고에는 버젓이 채용 조건에 '자차 이용자'가 쓰여 있다. 농촌의 여성일자리지원센터 여성새로일하기센터는 운전면허 취득과 장롱면허 탈출 지원에 가장 많은 예산을 편성한다.

  대중교통 정책은 누구나, 어디든지, 편리하게, 안전하게 이동할 권리를 보장하기 위한 보편복지다. 그뿐만 아니라 대중교통 정책은 기후위기를 해결하는 방향을 향해야 한다. 그리고 나는 자동차를 구입하느라 카드빚에 시달리고 싶지 않다.

5.

공공재를
공공이 운영하자는
당연한 요구,
버스 공영제

노선 소유권은 한국의 독특한 현대사로 인한 일종의 병폐다.[9] 버스 노선을 버스 회사, 즉 민간 기업이 소유하는 것을 인정하는 관행이 굳어진 것이다. 버스 회사는 공공재로 이익을 얻고 지자체는 자의든 타의든 속수무책으로 끌려다닌다. 현행 여객자동차 운수사업법에 따라 지급되는 운송업체 재정지원금은 버스 노선권과 운영권을 가진 민간 업체에 공공이 막대한 지원금을 쏟아붓는 방식이다. 문제 해결은 없고 지원금은 계속 늘어나고 있다.

무진장여객이 매년 무주·진안·장수군에서 지원받는 금액은 100억 원이 넘는다.[10] 그럼에도 노동자들은 매월 임금 체불에 시달리고, 버스는 잦은 고장으로 이용객의 안전을 위협한다. 그런데도 무진장여객은 경영난을 빌미로 2023년에 지원금을 20퍼센트 늘려 받았다는 소식이 들려온다. 속도계 없는 버스 운행으로 언론에 보도된 후[11] 이전 사장과 함께 회사의 비위에 한통속이었던 부장이 사장이 됐다는 소식을 들었다. 시스템은 두고 사람만 바꾼다고 될 일이 아닌데도 마치 그걸로 다 된 것처럼 다시 잠잠해진다.

      최근 이 모든 문제의 해법으로 버스 공영제가 대안으로 제시되고 있다. 버스 공영제란 공공이 노선 소유권을 가지고, 버스 운영을 책임지는 제도다. 운영

---

9   김상철 공공교통네트워크 정책위원장에 따르면, 현행 여객자동차 운수사업법은 1962년 자동차운수사업법으로 제정되었는데 이는 1935년 조선총독부법령으로 제정된 조선자동차교통사업령을 계승한 것이다. "문제는 사실상 독점적인 사업권을 부여하는 사업인데도 면허 절차의 갱신 조항이 없다는 것이고, 사실상 일제 때 형성된 사업 독점 구조가 장기 유지되는 폐단"을 낳았다. 그리고 "변화된 교통정책 및 환경에도 민간 사업자의 사업 유지를 우선하는 방식으로 법률 체계가 운영됐다. 더구나 2004년 서울시의 준공영제 이후 노선 신설에 대한 협의의무가 적용됨에 따라 사실상 민간 사업자의 사업 원천으로서 노선권에 대한 특허권적 요소가 취약해졌음에도 이에 대한 1992년 판례를 여전히 추종하는 입법과 사법 관행으로 인해 제도적 지체가 발생하고 있다." 그는 "특히 코로나19 이후 버스 사업에 대한 전면적인 개편이 필요한 상황에서 기존 사업 구조에 대한 변화 없이 공공 재정에 의존하여 이윤을 추구하는 버스 업체들이 노선을 줄이거나 파행적인 운행을 하더라도 행정청의 소극적인 대응으로 인해 피해가 시민들에게 전가되는 상황이 반복"되고 있으며, 이는 "현행 여객운수사업법이 가지고 있는 구조적인 한계로 이해할 수밖에 없다"라고 지적했다. 김상철, 〈행정의 무능을 감추고 민간사업자 기득권을 보호하는 수단으로 전락한 '여객자동차 운수사업법'〉('여객자동차 운수사업법 문제점 토론회' 주제 발표, 2023년 11월 9일), 8~9쪽.

10   '우리 이제 말해보자 행복한 무진장 버스 이대로 좋은가?' 포럼(2022년 11월 25일) 중 고원예산공작소와 김상철 발제 중 언급.

11   최유선, "(단독)속도계 없고 경고등 7개 … 아찔한 농어촌버스", 〈JTV 뉴스〉, 2023년 11월 28일, https://www.youtube.com/watch?v=ULRJ1_PN4JU.

형태 또한 지자체가 직접 운영하거나 공사, 공단 등의 법인 형태로 운영한다. 전남 신안군이 2007년 시범운영을 시작했고, 2013년 5월 전국 최초로 시행했다. 정선군은 2020년 7월부터 버스 공영제를 시행했다. 두 지자체에서 모두 버스 완전 공영제가 교통복지 확대와 지역경제 활성화에 도움이 됐다는 평가를 받고 있다. 특히 눈에 띄는 점은 버스 완전 공영제 이후 이용객이 늘었다는 점이다. 신안군은 20만 명에서 67만 명으로(2021년 기준), 정선군은 약 54퍼센트(2021년 기준) 증가했다. 신안군은 주민이 참여하는 공영버스 운영협의회를 구성하고 운영하고 있다.

　　버스 공영제로 바뀐다고 해서 모든 문제가 해결되지 않을 수도 있다. 그러나 공영제 자체를 부정한다는 것은 현 상태를 유지하려는 이들과 이해를 함께한다는 것과 같다. 버스 공영제를 도입하고 그것이 잘 운영될 수 있도록 끊임없이 시스템을 정비해야 한다.

　　공공재를 공공의 필요와 요구에 맞도록 편리하게 만들고, 공공재를 이용해 이권을 행사하지 못하는 운영 구조를 만들어야 한다. 물론 구조에는 언제나 허점이 있다. 하지만 어떤 사람들이 구조를 만들어가는지가 더 중요할지 모른다. 결국 구조를 만드는 것도 사람이니까. 그러니 주민, 운영자, 노동자, 행정이 모두 참여하는 대중교통 운영위원회를 만들어도 좋겠다. 노동자와 주민이 사회적 협동조합을 구성해 운영하고, 행정이 이를 지원하는 방법도 있을 것이다.

6. 버스 운전 노동자에게 듣다

　　농어촌 인구의 10퍼센트만 이용하는 '대중교통'을 책임지면서, 불편과 불만의 대상이 되어 욕받이까지 담당하는 버스 운전 노동자는 어떤 상황에 놓여 있을까.

　　노동자는 일하면서 몸을 다치기도 하지만 마음도 다친다. 때때로 상처받은 노동자의 '말하기'와 '드러내기'는 저항이 된다. 2023년 이른 봄, 밤 9시, 오랜 노동을 마친 후 배고프고 지친 몸을 이끌고 온 버스운전 노동자들을 만나 이야기를 들었다. 기나긴 인터뷰였다. 하고 싶은 말이 많았을 것이다. 나는 그들의 이야기를 꼼꼼히 '들었다'. 그리고 이야기들을 분류하고, 내 의견은 조금만, 그들의 말은 수정 없이

담기로 한다. 그것이 오랫동안 '들어줄 사람'을
기다렸을 이들에 대한 예의라고 느꼈다.

뭣 하나 괜찮은 게 없는 열악함

어떤 노동을 하는 사람이 어떤 대우를 받고
있는지는 노동조건을 확인하면 된다. 아직도 많은 노동
현장에서 노동인권이란 인간의 가장 기본적인 생리적
현상에 대한 적절한 보장을 요구하는 것에 머물러 있는
것이 현실이다. 그래서 먹는 것, 쉬는 곳, 화장실 이용과
같은 인간이 가진 가장 기본적인 욕구 해결에 대한
조건부터 물었다.

① **먹는 것: 도시락 자리와 식사**

무진장여객이 운행하는 버스에는 '도시락' 자리가
있다. 노선이 길기 때문이기도 하고 식사할 장소가
마땅치 않을 때가 많기 때문이기도 하다. 매 끼니를
식당에서 사 먹을 수 없는 주머니 사정도 한몫한다.
노선에 따라 때때로 숙박도 해야 한다. 그런데 어떤
노선은 "식당이 없다. 그러니까 도시락을 준비한다".
그나마 겨울에는 괜찮지만, 날이 더우면 음식이 상할까
걱정이 된다. 다른 문제도 있다. 도시락 자리를 비우면
한 명의 승객이 더 앉을 수 있기 때문이다. 화를 내는
승객도 있다고 했다. 주로 노약자가 이용하는 시골

버스 기사는 눈치가 보인다. 도시락은 업무가 끝나고 저녁 8시쯤 숙소에서 먹고 아침에 일어나면 또 먹는다.

"명절이면 보통 축제잖아요. 그런데 우리는 걱정이에요. 그나마 있는 식당들도 다 문을 닫아버리잖아요. 편의점 도시락 먹을 때도 많아요."

시골 식당은 점심때와 저녁때만 식사를 할 수 있는 곳이 대부분이다. 미리 전화해서 식사가 가능한지 확인해야 한다. 평소에도 그러니 주말이나 명절에는 식당에서 밥 먹는 건 불가능하다.

"또 식대가 현실적이지가 않아요. 작년에 1,000원 올라서 하루 식대가 1만 5,000원이에요."

한 끼에 5,000원인 셈이다. 이쯤 되면 세 끼를 다 챙기기 어려운 노동조건임을 알고 일부러 식대를 이렇게 책정한 건가 하는 의심까지 든다고 했다.

② **화장실 이용: 위장병**

정류소마다 화장실이 있을 리가 없다. 그럼 화장실 이용은 어떻게 할까?

"1인용 화장실도 없는 데가 수두룩해요."

"급하면 산속으로 달려가야 돼요. 승객이 없으면 다행인데, 있잖아? 그럼 멀리 한참 들어가야 하는 거야."

"우리가 매일 앉아서 일하니까 (설사가 나서) 배가 아플 때가 있어요, 밥 먹고 나면. 그때는 사람 미쳐버리는 거야."

게다가 위장병을 달고 사는 경우가 많다. 식사 시간도 제대로 없는데 식사 후 휴식 시간이 있을 리 없기 때문이다. 모든 버스 운전 노동자에게 위장병을 직장 건강검진 사항으로 추가하고 산재 신청도 가능하게 해야 하지 않을까.

③ 쉬는 곳: 지네와 함께 머무는 냄새나고 더러운 숙소, 병을 부르는 노동환경

나는 숙소에서 지네가 나왔다는 사진을 받은 적이 있다며 쉬는 곳에 대해 물었다.

"그 사진 제가 찍어서 보낸 거예요."

엄청 큰 지네였다. 숙소 관리 담당이 없다는 게 문제다. 예전에는 숙소가 있는 마을에서 관리했다고 하는데 회사가 예산 부족을 핑계로 숙소 관리비나 기름값을 제대로 지급하지 않아 발생한 문제다.

"자주 빨아주면 괜찮은데 그러지 못하니까. 쉽게 얘기해서 번갈아서 계속 자잖아요. 나 혼자 자는 게 아니잖아요. 여러 사람이지. 이게 굉장히 찝찝하죠."

"냄새나지. 냄새가……"

"저는 예전에 숙박 나가면 침낭하고 베개를 갖고 다녔어요."

이쯤 되면 기사들 건강도 문제지만 기사들은 가족들 걱정도 될 것 같다. 특히 몸이 약하거나 아픈 가족이 있을 때 그 심정이 오죽할까. 사정이 이렇다 보니 스프레이통에 알콜을 담아 들고 다니면서 이불이나 베개에 뿌리는 경우도 있다고 했다.

④ **무조건 징계감인 민원**
특히 코로나19 재난 시기에 걱정과 스트레스가

엄청났다고 한다.

"솔직히 우리가 마스크를 써도 가족, 특히 어머니나 애들이 옮을 수도 있잖아요."

코로나19 팬데믹을 거치면서 기침은 가리고 하고, 호흡기 질환이 있으면 좁은 실내에서 마스크를 착용하는 것이 예의라고 생각하는 분위기가 조성됐다. 그렇다고 해도 언제나 예외는 있다. 그래서 마스크 착용 문제는 버스 운전 노동자들에게 예민한 문제 중 하나다.

"코로나19 때였는데, 승객이 차 안에서 과자를 먹어서 먹지 말라고 했다가 민원을 받았어요."

"민원이 들어오면 사실과 관계없이 무조건 기사를 탓하고 징계해요."

징계가 누적되면 5일은 운행을 하지 못한다. 운행일은 수입과 직결된다. 징계의 기준을 물었다.

"한국노총 위원장하고 회사가 규칙을 정하고 우리한테는 통보만 해요."

모든 민원은 운전기사 개인이 책임지도록 하는 구조다. 그 결과, 회사에 알려지면 결국 운행하지 못하게 될 바에 차라리 개인적으로 돈을 주고 합의하기도 한다. "계약직이 많아지면서 재계약이 안 될까 보상을 해주기도 한다"고 했다.

부당한 노동조건은 또 다른 부당함으로 덮으면서 확산되고 있었다.

⑤ 10년 운전한 사람과 1년 운전한 사람의 급여 차이는 겨우 1만 원

"제가 왔을 때, 10년 전에 월급이 180만 원이었나, 그 정도밖에 안 됐는데 지금도 마찬가지예요. 지금 뭐 240 몇 만 원밖에 안 돼요."

급여명세표를 받는지 물었다.

"명세표를 줄 때가 있고 안 줄 때도 있어요. 근데 계산을 해보니까, 안 맞아. 가서 안 맞는다 그럼 다음 달에 줄게, 안 준 거. 이런 식이야."

명세표를 다시 뽑아주지도 않는다. 가장 기본적인 것부터 좀 지켜야 할 텐데 그게 또 안 되고 있었다.

"주긴 줘요. 주긴 주는데요. 월급을 받기 전에 명세서를 보고 그다음에 다음날 월급이 들어와야 맞는 거잖아요. 그게 안 되는 거잖아. 그러니까 건건이 이건 제대로 들어왔는지 항상 맞춰봐야 돼요."

"돈 벌라고 왔는데, 돈을 쪼금 받고 일은 잘하라고 하는데……?"

"인제 1년 된 사람이랑 월급이 똑같아요. 경력은 전혀 인정 안 하는 거예요."

⑥ 고용 불안

"말 안 들으면 재계약 안 된다는 말을 노골적으로 하는 회사다."

최근에는 운전기사를 10개월 계약직으로 뽑고 직원 길들이기에 나섰다고 한다. 고용 불안은 입바른 소리를 없앤다. 재계약이 걸려 있기 때문이다.

⑦ 괴롭힘

이들을 괴롭히는 더 심각한 문제는 '헛소문'이다.

2022년 11월부터 몇 달간 급여가 제때 지급되지 않은 적이 있다. 회사 내 분위기는 흉흉했다. 그때 이상한 소문이 돌았다. 급여가 제때 지급되지 않는 이유가 "민주노총 조합원들이 회사 사정을 회사 밖에 떠들고 다니고 나대기 때문이다"라는 것이었다. 회사 내에 말이 돌고, 함께 일하는 동료들에게 비난을 들어야 하는 현실과 심정을 생각하니 나도 함께 어지러움이 몰려왔다.

⑧ 안전

이 모든 일들에도 불구하고 이들이 가장 괴로워하고 빨리 해결되기를 열망하는 일이 있다. 자신들과 이용객들의 안전이다.

무진장여객의 차량 중에 도시의 마을버스처럼 작은 버스가 7대 있다. 그런데 이 버스들이 전주까지 운행한다. 이 버스들이 다니는 노선 중에는 한꺼번에 40~60명까지 타는 경우도 있다. 서 있기도 힘든데 배차 간격이 길어 꾸역꾸역 모두 다 태울 수밖에 없다. 더 큰 문제는 운행 구간과 거리다.

"차 상태가 굉장히 안 좋아요. 1주일에 한두 번씩 30~40명이 탈 때가 있어요, 한번에 작은 차에. 아이고야. 내가 운전을 하면 승객 얼굴이 여기

(얼굴 가까이) 와 있어요. 그렇게 고물차에 태우고 이 길을 내려가요. 와, 핸들 꽉 잡고 진짜 손에 힘이 꽉 들어가요. 진짜로 그럴 수밖에 없어요. 그니까 이게 생각이 들더라고. 직행버스로 전주 왔다 갔다 할 때는 안전벨트 매잖아요. 그런데 뭐 안전벨트는커녕 작은 차에다 꽉 태우고 다닌단 말이야. 진짜 문제죠, 이거."

버스 운전 노동자에게 노동인권을!

"처음 일을 시작하면서, 우리 어머니도 버스 타고 다니시고, 우리 기사들 하는 걸 보니까 좀 불친절한 것도 있어. '왜 그래? 잘해야지.' 그러면 한마디씩 다 똑같이 해요. '네가 해봐. 한 달 뒤, 두 달 뒤 되면 똑같아져.'"

누군가의 고백을 또 다른 조합원이 이어받는다.

"한 달이라니, 1주일이면 사라지지."

그 말에 모두 씁쓸한 표정으로 고개를 끄덕인다. 농촌 대중교통을 민간 업체가 담당하면서 생긴 문제의 피해자는 이용객들뿐만이 아니었다. 나쁜 대중교통 시스템 안에서 이용객들도 노동자들도 모두 불행하다. 왜냐하면 우리는 서로 연결되어 있으니까.

실은 짐작하고 있었다. 다만 짐작했던 것보다 더 심각했다. 버스 운전 노동자의 노동 현실이 가슴 아팠다. 회사와 공동체가 촘촘히 버스 운전 노동자를 수단과 대상으로 삼아왔다는 것을 알 수 있었다. 미안하고 고마웠다. 조금만 돌아보면 명백히 볼 수 있었던 우리 옆에 있는 노동자들의 삶에 눈감았다는 생각에 고개가 자꾸만 떨어졌다. 그리고, 그럼에도, 이들이 보이는 각자의 노동과 삶에 대한 희망과 긍지, 타인에 대한 연민이 고마웠다. 우리는 그렇게 각자의 자리에서 타인을 돕고 있었나 보다.

한 버스 운전 노동자가 담당 공무원에게 버스 공영화를 왜 고려하지 않는 거냐고 물었더니 "민주노총이 다 잡는다. 그러니 우리는 아무것도 안 할 거다"라는 황당한 대답을 들었다고 했다. 무슨 말이냐면 버스 공영제를 하게 되면 운전기사가 공무직이 될 텐데 그 자리를 민주노총 조합원이 차지하게 될 것이라는 말이다.

그 말을 들은 버스 운전 노동자는 "굉장히 자존심이 상했다"라고 말했다. 당사자가 바로 앞에 있는데도, 담당 공무원이 일이 많아질 것이 귀찮다며 자신을 모욕한 것처럼 느껴졌다는 것이다.

생계를 위해 일할 수 있도록 하고, 일하는 사람이 일한 만큼 정당한 대가를 받고, 자기 일에서 보람과 의미를 찾도록 돕는 것은 국가의 의무다. 그런데 지금 농촌 대중교통에서 일하는 노동자에게 국가는 의무를 다하고 있는 것인지 묻고 싶다.

7. 사람도 휠체어도 다닐 수 없는 길, 보행권을 바랍니다

시골에서 버스를 타러 가는 길은 위험하다. 시골길 대부분은 보도와 자전거 도로가 없다. 읍이나 면 소재지는 좁게나마 보도가 갖춰져 있지만, 그 외에는 쌩쌩 달리는 자동차 옆을 차도와 구분하는 좁디좁은 하얀색 선에 의지해 움츠리며 걸어야 한다. 자동차들은 뚜벅이들 바로 옆을 아슬아슬 스쳐 지나가는 데 거침이 없다.

한 지인은 차 없이 시골로 한 달 살기를 왔던 친구의 경험담을 들려주었다. 친구는 산책할 길도 버스 탈 방법도 몰라 집에만 있다가 1주일 만에 한 달 살기를 포기하고 도시로 돌아가야 했다. 한적한 시골길에서 산책과 사색을 할 수 있을 거란 기대는 고립과 오지

〈사진3〉 보도 위에 놓여 있는 대형 화분들. 걸음을 방해하는 대형 화분은 차를 타고 지나가는 사람들에게는 좋은 '풍경'이 된다.

시골살이 체험담으로 끝났다.
　보도가 있는 읍이나 면도 불편하거나 위험하긴 마찬가지다. 한 사람이 겨우 걸을 수 있을 만한 폭의 보도 위에는 용도를 알 수 없는 대형 화분과 주차된 차들이 보행을 방해한다(〈사진3〉). 나는 결국 차도로 내려서서 걷는다. 휠체어나 보행기를 이용한다면 보도 보행은 아예 불가능하다. 그냥 차도로 이동해야 한다.
　내가 속한 행정구역인 ○○면 농협은행은 보도를

없애고 주차장을 확장했다. 주차장 위를 걷는 내게 차에 올라탄 운전자가 경적을 눌러댄다.

행정 기획자와 집행자는 보행로를 만들 때 뚜벅이나 휠체어, 보행기 이용자를 생각해봤을까? 고려 대상이긴 했을까? 무주군과 진안군 곳곳엔 보도와 횡단보도조차 없거나 버스 정류소만 덩그러니 있는 경우도 쉽게 확인할 수 있다.

나는 이 모든 게 오랫동안 자동차산업을 부양해온 정책이 만들어낸 결과라고 생각한다. 통계에 따르면 한국은 교통사고 사망자 중 보행자 비율이 38.9퍼센트로 OECD 회원국 평균인 19.3퍼센트보다 2배 높아 보행 안전에 대한 대책이 시급한 것으로 나타났다.[12] 노력은 있다. 2022년 7월 12일부터 보행자의 권리 신장과 보행 환경의 체계적 정비를 목적으로 보행안전 및 편의증진에 관한 법률(보행안전법)이 시행되어 보행권을 보장하기 위한 근거가 마련됐다. 다행이다.

나는 내가 사는 지역의 담당 공무원을 찾아 위험한 보도와 횡단보도가 필요한 곳에 대해 개선 계획이 있는지 물었다. 그는 인도 설치 요구 민원이 많은 편이지만 바로 해결하거나 면 자체에서 계획을

---

12   도로교통공단, 〈도로교통공단, OECD 회원국 교통사고 비교 결과 발표〉(보도자료), 2021년 12월 14일.

세우기는 어렵다고 설명했다. 그는 "건설과에서 확정 후 설치할 수 있는데 예산이 있어야" 한다며, "주민참여예산 사업과 소규모 주민편익사업으로 긴급보수 사업을 신청"하라는 말을 반복했다. 면 행정복지센터는 매년 중앙정부와 소속 지자체에서 확정된 예산을 집행할 뿐 자체적으로 운용할 수 있는 예산이 거의 없기 때문이라고 했다.

　기다리는 것 말고는 방법이 없는 걸까? 통화한 담당 공무원은 집요한 내 질문 공세에 해법을 내놓았다. "마을별로 실태조사를 하고 책임지고 사업을 진행할 담당이 있으면 된다." 방법을 요구하니 방법이 나왔다.

　결론은 보행권이 보장되려면 보행권에 대한 관심과 권리 인식, 그에 따른 해결 방법 모색, 관리 시스템과 담당자의 배치라는 체계가 갖춰져야 한다는 것이다. 사람들의 생각과 감정이 움직이는 대로 시스템이 갖춰지기도 하지만 시스템으로 사람들의 생각이나 감정이 변하기도 한다. 권리는 제도를 통해 보장된다. 그러나 제도 이전에 권리를 인식하고 요구하는 것도 필요하다. 이런 노력이 쌓여 권리가 제도로 확장될 수 있다.

3부

돌봄에는 장소가 필요하다: 시골과 주거권

1. 존엄한 삶의 기본 조건, 주거권

　　　　모든 생명은 살기 위해 각자의 집을 가져야 한다. 우리는 양육자의 경제적, 문화적 영향력에서 벗어나 독립하고자 할 때, 교육·돌봄·취미·일자리 등을 위해 이동할 때, 스스로의 삶을 책임지고자 할 때 가장 먼저 집을 찾는다. 집은 개인의 몸과 마음, 삶이 머무는 곳이기 때문이다. 그러므로 집은 안전하고, 편리해야 하며, 안정적이어야 한다.

　　　　나는 단 한 번도 그런 집에서 살 수 없었다. 도시에서 살던 내내 나는 짧게는 1년, 길어도 2년이라는 계약 기간에 따라 집을 옮겨야 했다. 집을 옮길 때마다 삶을 평가받(는 것 같)았고, 매번 비참했다. 임금노동으로 번 돈은 한 달을 살아내기도 빠듯하거나 부족했고, 최선을 다해 모은 돈으로는 매번 오르는 보증금을 마련하는 것조차 버거웠다.

　비용만 문제였던 것은 아니다. 안정적 거주가 법적으로 보장되는지, 보증금은 안전할지, 빨래를 말릴 공간은 있는지, 햇볕은 잘 드는지, 안전한지, 물은 잘 나오는지, 배수는 잘 되는지, 직장과의 거리가 너무 멀지는 않은지, 생활에 필요한 시장이나 교통, 은행 등을 이용하는 데 불편함은 없는지를 따져 괜찮은 집을 찾는다. 그러나 언제나 한두 가지 조건(주로 예산과 교통)만 충족된다면 다른 불편함은 감수하는 선택을 반복해야 했다.

　나는 종종 바뀐 주거정책이 있는지, 나에게 적용되는 복지 혜택이 있는지 정부 민원 서비스 앱인 '정부24'에 들어가보곤 한다. 좀 더 나은 선택을 할 수 있는지 확인하고 싶기 때문이다. 그러나 '맞춤안내 서비스-생애주기별 맞춤형 복지'를 검색할 때마다 실망만 거듭할 뿐이다. 노후 복지마저 주택 담보 대출이 기반이라 나에겐 모두 '해당 사항 없음'이다. 그러니까 집이 없으면 복지도 없다. 악순환이다. 집이 없으니 더 나은 조건의 복지를 누릴 수 없고, 복지가 없으니 나는 여전히 집이 없거나 더 나은 주거지를 찾을 수 없다.

복지와 집

한국은 수출 기반형 성장을 내세운 발전주의 정책 국가다. 그동안 한국이 반도체와 자동차, 조선업을 수출하기 위해 자국 농어업을 포기했던 것도 발전주의 정책의 일환이었다. 발전주의는 경제성장과 경제 발전에 '몰빵'하기 위해 다른 모든 것을 희생시킨다. 발전주의와 개발독재, '선성장 후분배'는 모두 한몸이다. 한국은 발전주의 정책으로 인해 사회보장제도에 재원 투입을 최소화하고 복지 체계의 기본을 '자산 기반형'으로 설계해왔다. 자산이 없으면 복지도 없는 것이다. 한국인이 노후를 걱정하며 죽어라 일하고 자산을 축적하고 더 나은 일자리를 구하기 위해 유치원 때부터 경쟁에 뛰어드는 이유이기도 하다.

이는 국가가 직접 개인과 가족에게 '소득'을 보장하는 복지와 대비된다. 한국은 주로 장애인과 저소득층에 대해 국민기초생활보장제도로 소득을 보장하는 복지를 실행해왔다. 그러나 이 제도마저 수급자 기준을 개인의 노력을 전제로 한 국가의 판단에만 맞추고 있어 정작 필요한 사람이 제도 밖에 있게 된다는 문제점이 꾸준히 지적됐다.[1] 가정폭력 등으로 이혼한 전남편의 소득 증빙이 없으면 양육비를 청구할 수 없다거나, 양육비를 불로소득으로 판단하거나, 잠깐씩 일한 임금이 수입으로 포함되어

수급자에서 탈락한다거나, 사용하지도 않은 고물차나 생계에 필요한 차를 소유하고 있다는 이유로 수급자에서 탈락하는 등의 사례는 주변에서 흔히 접할 수 있다. 당장 도움이 필요한 사람에게 오히려 고통을 안긴다.

가난과 (사회 기준에 따른) '무능'에 등급을 매기고, 증빙이 가능할 때만 받을 수 있는 복지는 당연한 권리가 아닌 '가난한 사람' '무능한 사람'에게 베푸는 시혜라는 왜곡된 인식을 심어준다는 점에서도 문제다. 이런 인식은 가난과 무능력을 부끄러워하거나 혐오하는 것으로 이어진다.

하지만 소득 보장 복지가 불필요하다는 것이 아니다. 소득 보장 복지를 확대하더라도 사각지대는 늘 있을 수밖에 없다는 점이 중요하다. 특히 끊임없이 변화하는 노동시장, 유연한 노동시장에서 엄격한 평가에 기반한 복지는 한계가 있다. 지난 코로나19

---

1 "이 법에 따른 급여는 수급자가 자신의 생활의 유지·향상을 위하여 그의 소득, 재산, 근로능력 등을 활용하여 최대한 노력하는 것을 전제로 이를 보충·발전시키는 것을 기본원칙으로 한다"(국민기초생활 보장법 제3조 제1항); "부양의무자의 부양과 다른 법령에 따른 보호는 이 법에 따른 급여에 우선하여 행하여지는 것으로 한다. 다만, 다른 법령에 따른 보호의 수준이 이 법에서 정하는 수준에 이르지 아니하는 경우에는 나머지 부분에 관하여 이 법에 따른 급여를 받을 권리를 잃지 아니한다"(국민기초생활 보장법 제3조 제2항); "이 법에 따른 급여의 기준은 수급자의 연령, 가구 규모, 거주지역, 그 밖의 생활여건 등을 고려하여 급여의 종류별로 보건복지부장관이 정하거나 급여를 지급하는 중앙행정기관의 장(이하 "소관 중앙행정기관의 장"이라 한다)이 보건복지부장관과 협의하여 정한다"(국민기초생활 보장법 제4조 제2항).

재난 시기에 일은 하고 있지만 가난하고, 유연한 노동을 하는 노동자들(방과 후 교사, 비정기적으로 일하는 프리랜서 노동자, 특수고용 노동자, 예술인 노동자 등)의 문제가 수면 위로 떠올랐다. 비정기적이고 적은 수입은 기본적인 의식주에 영향을 끼칠 수밖에 없지만 기존의 복지 체제는 이 문제를 종합적으로 다룰 수 없다.

'기본소득'은 이와 같은 복지 체제의 한계를 드러내고 대안으로 제시된 제도로, (소득이나 자산을 따지지 않고) 모든 사람에게 동일한 금액을 지급해 사각지대에 있는 사람들의 권리를 보장할 수 있다고 본다. 한쪽에서는 기존의 복지를 모두 폐지하고 기본소득만 지급하자고도 한다. 하지만 그럴 경우 저소득층이 소득이 줄어 불리해질 수 있어, 기본소득 논의는 '기본소득이 있는 복지국가'에 대한 논의로 발전하며 활발히 검토되고 있다.[2]

그런데 복지가 집과 무슨 상관이냐고? 바로 그게 문제다. 한국에서 주거 문제는 곧 부동산, 주택 보급의 문제일 뿐 '주거권'이 아니다. 집이 없는 사람에게 복지로 주어지는 '주거급여'는 결국 집주인에게

---

2 오건호, 〈기본소득 있는 복지국가 vs. 소득 기반 최저소득 보장〉, 《프레시안》, 2021년 9월 2일, https://www.pressian.com/pages/articles/2021090116204811523.

돌아간다. 집세를 지불해야 하니까. 기본소득이 도입되더라도 그 돈은 결국 집주인에게 돌아갈 것이다. 이런 식의 복지는 마치 '텅장을 스치고 지나가는 월급' 같다. 나쁜 현실을 유지하는 데 기여할 뿐 더 나은 삶을 보장하진 못한다. 더 근본적인, 보편복지로서의 '주거권'이 필요하다. 그렇다면 우리는 어떤 것을 주거권으로 상상하고 요구할 수 있을까? 우선 나쁜 현실에서 출발해보자.

주거권을 상상하기 시작할 것

돌이켜보면 내가 경제적으로 취약할 수밖에 없었던 이유는 바로 '집' 때문이었다. 도시 임금노동 생활자일 때조차 마찬가지였다. 나는 국가 정책에서 늘 예외였다. 직장 생활로 장기대출을 받을 수 있을 때는 기준에 미달했고, 기준이 없어진 지금은 장기대출 대상자가 아니다. 변하지 않은 건 집을 위해 장기대출로 인생을 저당 잡혀야 한다는 점뿐이다. 그저 내가 살아가는 동안 머물 집이 필요할 뿐인데 왜 이렇게까지 해야 하는 걸까? 나는 그 원인을 한국형 발전주의-개발독재와 시장화된 재산인 '부동산(집과 땅)' 때문이라고 생각한다. 집도 땅도 잠시 인간이 머물기 위해 지구에게 빌려 쓰는 것일 뿐인데 사람들은 가격을 매겨 사고판다. 마치 집과 땅을 소유한 것처럼.

그렇게 한국인은 집값에 울고 웃는다.

우리 대부분은 가파르게 오르는 집값을 따라잡기 버겁거나 불가능하다. 누군가의 집값이 올랐다는 건 곧 누군가는 나쁜 주거지에 머물 수밖에 없다는 이야기다. 그러니까 한쪽이 올라가면 한쪽이 내려가는 시소 같은 거다. 2020년 통계청 인구총조사 기준에 따르면 약 2,100만 가구 중 28퍼센트인 590만 가구는 임차가구 중에서도 공공 임대주택이나 등록 임대주택이 아닌 미등록 비제도권 임대주택에 거주한다. 이른바 '지옥고'라 불리는 반지하, 옥탑방, 고시원 등 '비적정거주지'에 살고 있다는 것이다.

2022년 여름, 폭우가 쏟아지는 서울에서 반지하에 살던 가족 3인이 갇혀 죽었다.[3] 그때 나는 내가 사는 시골에서 서울에 있는 지인에게 소식을 전해 들었다. 일가족 중 유일하게 경제활동을 했던 분은 민주노총 서비스연맹 노동조합원이라고 했다. 가족 중 한 분은 거동조차 불편한 노인이었고, 또 다른 한 분은 장애인이었다. 나는 장례식을 다녀온 지인과 통화하며 사회안전망에서 배제된 사람들의 죽음, 사회적 타살에 마음이 무거웠다.

---

3 김영배, 〈'반지하 침수' 20년 전과 지금이 너무 똑같다, 그게 더 무섭다〉, 《한겨레21》, 2022년 8월 15일, https://www.hani.co.kr/arti/society/society_general/1054755.html.

한국의 사회제도는 대체로 사회적 죽음에 둔감하다. 언제나 피해 당사자들의 처절한 고통과 증언, 강경한 대책 마련 요구가 있을 때만 겨우겨우 그 무거운 발걸음을 조금씩 내디딘다. 그렇다면 이번에는 어땠을까? 2023년 7월 서울연구원에서 공개한 보고서에 따르면,[4] "반지하주택 80.9%가 1995년 이전에 지어져 …… 노후도 높은 반지하주택 비중이 커, 시간당 100mm 강우 시 전체 반지하주택의 7.4%가 침수예상지역 내에 위치"해 있다면서도 "반지하주택의 침수위험을 막는 가장 근본적인 방안은 반지하주택을 없애는 것이지만, 단기간에는 불가능하며 오히려 부작용이 더 클 수 있다"며 "지속적이고 장기적인 정비·관리 방안을 모색해야" 한다는 결론을 내렸다. 나는 이 보고서가 무책임한, 책임 회피를 위한 핑계일 뿐이라고 느꼈다.

안전하지도, 편안하지도, 안정적이지도 않은 주거환경에 놓인 사람들에게 집은 매일, 매 순간 불안으로 다가온다. 좋은 안전망은 개개인의 삶에, 바로, 지속가능한 방법으로 적용되어야 한다. 그러므로 전담자를 둔 관리 방안 정비와 더불어 적정거주지 제공을 위한 지속가능한 방안을 마련해야 한다. 게다가

[4] 신상영·김성은·남현정·김상균, 《서울시 반지하주택 유형과 침수위험 해소방안》(요약), 서울연구원, 2023, https://www.si.re.kr/node/67487.

기후재난은 이미 시작됐다. 가뭄과 폭염, 폭우가 매년 갱신된다. 예측할 수 없는 기후환경이다. 이런 상황에 대처할 수 있는 주거환경을 마련하는 것은 시급한 문제다.

주거기본권?

삶이 완전히 무너졌을 때 우리는 '길바닥에 나앉는다'고 한다. 주거권은 사회운동과 인권운동의 중요한 주제다. 세계인권선언 제25조는 "모든 사람은 의식주, 의료 및 필요한 사회복지를 포함하여 자신과 가족의 건강과 안녕에 적합한 생활수준을 누릴 권리"를 명시한다.[5] 또한 1966년 유엔총회에서 이미 사회권 규약[6]을 통해 주거권 등에 대한 국가 의무를 분명히 했다. 즉, 모든 인간은 인간다운 삶을 위한 적정한 집을 가져야 하고 국가는 이를 위해 노력해야 한다는 말이다.

그러나 이런 당연한 권리도 발전-개발주의 앞에서는 늘 무력했던 것이 한국의 현실이었다. 개발은 늘 가난한 사람들이 모여 있는 곳에서 이뤄진다. 투기를 목적으로 집을 모으는 사람, 새로 만들어진

5　https://www.ohchr.org/en/human-rights/universal-declaration/translations/korean-hankuko.
6　유엔 경제적, 사회적 및 문화적 권리에 관한 국제규약 참조.

아파트나 빌라 등을 구매할 자산이 있는 사람을 위해 집이 가장 절실한 사람들이 살던 곳에서 내쫓겨왔다.

다행히 최근 주거권에 대한 관심이 높아지면서 주거기본권(2022년 6월 8일 시행령)이 마련됐다.[7] 주거기본권에 따르면, "국민은 관계 법령 및 조례로 정하는 바에 따라 물리적·사회적 위험으로부터 벗어나 쾌적하고 안정적인 주거환경에서 인간다운 주거생활을 할 권리를 갖는다"(제2조). 또한 주거정책의 기본원칙에 따라 국가와 지자체는 이를 보장하기 위해 "주거정책을 수립·시행"해야 한다.

여기서 '주거정책의 기본원칙'이란 다음과 같다.[8]

1. 소득수준·생애주기 등에 따른 주택 공급 및 주거비 지원을 통하여 **국민의 주거비가 부담 가능한 수준으로 유지**되도록 할 것
2. 주거복지 수요에 따른 임대주택의 우선공급 및 주거비의 우선지원을 통하여 장애인·고령자·저소득층·신혼부부·청년층·지원대상아동(「아동복지법」 제3조제5호에 따른 지원대상아동을

---

[7] "제2조(주거권) 국민은 관계 법령 및 조례로 정하는 바에 따라 물리적·사회적 위험으로부터 벗어나 쾌적하고 안정적인 주거환경에서 인간다운 주거생활을 할 권리를 갖는다." "제3조(주거정책의 기본원칙) 국가 및 지방자치단체는 제2조의 주거권을 보장하기 위하여 다음 각 호의 기본원칙에 따라 주거정책을 수립·시행하여야 한다."

[8] 주거기본권 제3조, 강조는 필자.

말한다) 등 **주거지원이 필요한 계층**(이하 **"주거지원필요계층"**이라 한다)의 주거수준이 **향상**되도록 할 것
3. **양질의 주택 건설**을 촉진하고, **임대주택 공급을 확대**할 것
4. 주택이 **체계적이고 효율적으로 공급**될 수 있도록 할 것
5. 주택이 **쾌적하고 안전하게 관리**될 수 있도록 할 것
6. 주거환경 정비, 노후주택 개량 등을 통하여 기존 **주택에 거주하는 주민의 주거수준이 향상**될 수 있도록 할 것
7. 장애인·고령자 등 **주거약자가 안전하고 편리한 주거생활을 영위할 수 있도록 지원**할 것
8. 저출산·고령화, 생활양식 다양화 등 **장기적인 사회적·경제적 변화에 선제적으로 대응**할 것
9. **주택시장이 정상적으로 기능하고 관련 주택산업이 건전하게 발전할 수 있도록 유도**할 것

그런데 가만히 들여다보면 주거정책의 기본원칙이 주로 주거비와 주택 공급에 맞춰져 있다는 것을 알 수 있다. 아직 한국 정부는 주거권을 '주택' 구입비를 지원하고 공급하는 정도로만 좁게 인식하는 것 같다. 사람이 집만 가지고 살 수 있을까? 아니, 집만

있으면 인간다운 삶을, 인간으로 존엄을 지키며 살 수 있을까? 우리는 이미 그 답을 알고 있다. 주거권의 보장을 위해서는 우선 안정적으로 머물 수 있어야 한다. 그리고 일자리, 병원, 도서관, 은행, 시장, 교통 등 생활에 필요한 공공서비스, 편의시설, 사회 기반 시설 등에 대한 접근과 이용이 편리해야 한다. 또한 집은 저렴하게 구매하거나 임대할 수 있어야 한다. 지금의 정책은 보완이 필요하다. 그리고 이 정책은 '누구에게나' 적용되어야 한다. 사회적 편견이나 사회적 약자라는 위치가 주거에 방해가 되지 않도록 보장하는 것도 필요하겠다.

어쨌든 주거권은 국가와 지자체가 책임져야 할 문제라는 것 정도는 확인했다. 이제 요구하면 된다. 그리고 나는 시골의 주거권을 이야기해야겠다.

2. 집을 찾는 사람들의 주거권

시골에서 집을 찾아 헤매는 사람들

집은 사람을 돌보는 공간이기도 하지만, 집 그 자체가 돌봄이 필요한 공간이기도 하다. 집에는 노동과 시간, 돈이 든다. 그리고 마음이 깃든다. 그래서일지도 모르겠다. 사람들이 자신에게 맞는 집을 꿈꾸는 이유가.

시골에 살기 위해 오는 사람들이 제일 먼저 관심을 기울이는 일은 집을 짓는 일이다. 앞에서도 언급했지만 내가 귀촌을 결심하고 정보를 모을 때 가장 많이 들었던 말이 집 짓기에 대한 것이었다. 책도, 이야기도 많았다. 대안적 삶을 다루는 다큐멘터리에는 복잡한 도시를 떠나 한적한 곳에 본인의 취향을 반영한 넉넉한 집을 짓고 살겠다는 로망을 실현한 사람들이 나온다. 시골에서의 삶이 최선의 대안이자 유토피아처럼 보이기도 한다. 그런데 정말 그렇다면 왜 사람들은 여전히 시골살이를 망설일까? 결론부터 말하자면, 나는 지금의 시골살이라는 대안이 개인의 운과 자산의 정도에 따라 다르게 경험되기 때문이라고 본다.

    시골에는 '연세'라는 게 있다. 1년 치 집세를 미리 내고 사는 계약이다. 집이 없는 사람에게 빈집을 싸게 임대하던(대개 무보증금에 20만~200만 원), 요즘엔 거의 사라진 방식이다. 아마 공동체가 이주민에게 주거지를 보장하고 정착을 돕기 위한 방식이 아니었을까 짐작한다. 빈집을 관리해주니 무상이나 저렴한 임대로 '살 수 있게' 하는 방식으로 말이다. 그런데 문제는 이렇게 임대한 집의 상태다. 연세가 저렴할수록 고쳐야 할 곳이 많다. 아예 기둥만 남아 있는 경우도 있다. 오랫동안 빈집으로 방치되어 허물어지기 직전인 상태의 집도 있고, 빈 창고를 고쳐 살라며 임대하기도 한다. 상태가 더 나은 집이라 해도 살아가는 동안 살 수 있을 만하게 계속 고쳐야 한다.

    그러다보니 빈집을 싸게 임대하려면 일단 목수이거나 목수가 되어야 한다. 모든 도구를 직접 다룰 수도 있어야 하고 수시로 이용할 수 있게 갖추고도 있어야 한다. 무엇보다 체력도 필요하다.

때때로 임차인이 집주인의 '허락'을 구하고 집을 허물고 다시 짓기도 한다. 물론 수리비나 재건축비는 임차한 사람이 부담한다. 한 지인은 "내 집도 아닌데 계속 들어가는 수리비가 너무 아깝다"면서, 그동안 각종 수리비로 들어간 돈이면 새집을 지을 수도 있었을 거라는 말도 덧붙였다.

그렇게 살 만한 집이 되면 집주인이 퇴거를 통보하기도 한다. "그동안 싸게 살 수 있게 해주지 않았냐"는 말과 함께. 자녀를 위해서 또는 다른 사람에게 '시세대로' 임대하기 위해서다. 물론 그동안의 시간과 노력, 수리비는 보상받을 수 없다.

괜찮은 집주인도 있다. 나는 크게 고칠 것 없는 시골집에서 월 10만 원으로 7년째 살고 있다. 지금도 내가 선택할 수 있는 최선이다. 시골의 주거 지원 정책은 어떤 것도 나에게 해당 사항이 없었다(〈표1〉). 일단 나는 귀농인이 아니었고, 집을 짓는 융자금을 지원받을 생각도 없었으며, 청년도 아니고, 세입자에겐 리모델링비가 지원되지 않고, 전원생활을 체험하려는 게 아니었으니 말이다.

그러니까 시골에서 안정적인 집을 찾는다는 건 어디까지나 운에 달려 있다.

마을에 이런 문제를 하소연할 수는 있을까? 대체로 시골은 마을에 집을 짓든 이사를 오든 마을 공동체의

⟨표1⟩ 2022년 무주군 주거 지원 정책 현황

연번	정책명	정책 소개	주관 부서
1	귀농 농업창업 및 주택구입 지원	▶대상: 당해년도 무주군으로 이주한 지 5년 이내 귀농인 또는 농업에 종사하려는 재촌 비농업인 ▶지원 내용 ・농업창업 융자금: 세대당 3억 원 이내 ・주택 구입 및 신축 융자금: 세대당 7,500만 원 이내	농업지원과 (귀농귀촌팀)
2	귀농귀촌인 건축설계비 지원	▶대상: 무주군으로 전입한 지 3년 이내 귀농귀촌인 ▶지원 내용: 단독주택 신축 시 가구당 200만 원 한도 내 건축 설계비 지원	농업지원과 (귀농귀촌팀)
3	귀농인 임시거주지 임대료 지원	▶대상: 무주군으로 전입한 지 2년 이내 귀농귀촌인 ▶지원 내용: 관내 거주시설에 사용된 거주 임대료를 가구당 최대 12개월간 지원	농업지원과 (귀농귀촌팀)
4	귀농귀촌인 주택 수리비 지원	▶대상: 무주군으로 전입한 지 3년 이내 귀농인 ▶지원 내용: 주거환경 개선을 위한 주택 리모델링비 지원(가구당 540만 원)	농업지원과 (귀농귀촌팀)
5	귀농인의 집 운영	▶대상: 농어촌 외 지역에서 1년 이상 거주 중인 예비 귀농귀촌인 또는 무주군으로 전입한 지 1년 미만의 귀농귀촌인 ▶지원 내용: 임시거처 제공(3~6개월, 1회에 한하여 연장 가능)	농업지원과 (귀농귀촌팀)

6	귀농귀촌 게스트하우스 운영	▶대상: 귀농귀촌을 준비하거나 전원생활 체험을 희망하는 도시민 ▶지원 내용: 농가 견학 및 지역 탐색을 위한 지역 선도 멘토 및 임시 거주시설 제공	농업지원과 (귀농귀촌팀)
7	청년월세 한시 특별지원	▶대상: 만19세 이상~34세 이하 무주택 저소득 청년 ▶지원 내용: 월 거주 임대료를 최대 20만 원 한도로 1년(12개월)간 지원	기획실 (미래세대팀)

'허락'이 필요하다. 어떤 마을은 이장이 공공연하게 '마을발전기금'을 요구하기도 한다(시골살이 20년 차 지인의 증언에 따르면 가구당 500만~1,000만 원 정도라 했다). 마을 집들이를 하라고 지자체에서 이주민에게 지원금을 주는 '귀농귀촌인 집들이비 지원사업'이라는 것도 있다(가구당 40만 원 또는 50만 원). 집으로 가는 유일한 길이 마을 공동 소유인데, 이장에게 찍히는 바람에 그 길이 막혔다며 하소연하는 사람도 있었다. 마을 토박이가 아니면 언제나 이방인인 문화에서 이주민이 마을에 억울함을 호소하는 것은 그냥 마을에서 쫓겨나거나 왕따가 되겠다고 자처하는 일이다.

아무튼, 귀촌을 한다고 하면 집을 직접 지어야 하는 이유를 듣게 되고, 그다음으로 집 짓기의 고생담을 듣게 된다. 집 짓기에는 큰돈이 필요하다. 큰돈이 없는 사람들은 어떻게 할까? 부부 중 한 사람(주로 '아내')은 정규직 혹은 비정규직 임금노동자로 취업해 10~20년 동안 빚을 갚는다. 최소한의 빚으로 집을 짓기 위해 10년 이상 컨테이너에 모든 가족이 거주하며 돈이 생길 때마다 집을 지었다는 이야기도 들었다. 오죽하면 집 짓기에는 '이혼, 수명 단축, 빚'이라는 3대 고통이 따른다는 '괴담'이 있을까. 도시보다는 낫다고? 미래를 저당 잡히기 싫어서 도시를 떠나온 사람들에게 이런 현실이 위로가 될까? 비용과 시간만이 문제가 아니다. 지인 한 분은 집을 짓는 과정을 이렇게 말했다. "지키고 싶은 가치와 취향을 예산에 맞춰 하나둘 버리는 과정"이라고.

　그렇다면 집은 짓는 고통을 감수하고 마을에 정착한 사람들의 삶은 어떨까? 대개 둘 중 하나다. 마을에서 원하는 대로 순응하거나 조용히 저항하거나. 어느 쪽이든 내가 가진 습관과 생각은 점검의 대상이 된다. 도저히 견딜 수 없는 사람들은 이미 지은 집을 두고 떠날 수 없어 집에 갇혀 지내거나 과감하게 집을 포기하고 떠나기도 한다.

　나는 조용히 마을회관에 간식을 내밀고 인사하는 것으로 신고를 마쳤다. 마을 이장에게 인사를 하러 방문하지 않고 온라인으로 이전 신고도 마쳤다. 나는 그냥 마을에서 조용히 인사만 하는 여자다. 나는 마을 공동체의 '며느리'가 되고 싶지 않았다. 그리고 대동회 등 마을의 모든 공식적인 일정과 의사결정 과정에서 배제됐다. 때때로 마을 입구에서 만난 마을 부녀회 할머니들의 짐을 들어드리며 인사를 한다. 그러면 할머니들은 마을회관에서 두부 등을 만들었다며 먹으러 오라는 초대로 답해주신다. 나는 초대에 응하지 않는다. 왜냐하면, 내가 할머니들께 일할 때도 불러달라고 하면 늘 '침묵'으로 대답하시기 때문이다. '침묵'의 의미는 모른다. '침묵'에는 항상 많은 의미가 담겨 있어서 언어로 전환되지 않으면 의미를 파악하기 힘들다.

시골집의 월세와 전세가 저렴하지도 않다(나는 운이 좋은 편이다). 위치, 가격, 주변 인프라 등이 적당한 집을 발견하기도 어렵다. 임대료는 가까운 중소도시와 비슷하거나 더 비싸다. 물가도 비싸고, 대중교통도 불편하며, 일자리도 부족하다. 시골에서도 집을 유지하기 위한 비용이 든다. 〈나는 자연인이다〉를 찍는 게 아니라면 전기료, 수도료, 인터넷 이용료, 난방비, 교통비는 당연히 필요했다. 생활에 들어가는 모든 비용은 도시보다 비싼 값을 감수해야 한다. 심지어 겨울에는 농산물조차 비싸다. 필요한 것을 직접 만들어 쓴다고 해도 원자재는 대부분 구매해야 한다. 텃밭에서 작물을 키워도 자급은 불가능했다. 한여름이 아니면 구매해야 할 식자재는 늘 있었다. 나는 불안정한 프리랜서로 일하는 비농업인으로 살며 '뭘 하면서 돈을 벌 것인가'를 걱정했다. 귀촌 후 먹고사는 문제는 더욱 치열해졌다.

골칫덩이가 된 빈집들

시골에선 어디서든 방치된 빈집을 쉽게 만날 수 있다. 급기야 2023년 국토교통부는 농림축산부, 해양수산부와 함께 빈집실태조사 세부 추진 절차와 지자체 빈집 관리 전담부서 지정 등을 명시한 '전국 빈집실태조사 통합 가이드라인'을 마련해 전국 지자체에 배포한다고 밝혔다.[9] 세 부처가 합동으로 빈집실태조사를 통해 각 지자체별 빈집 현황을 체계적으로 파악하고 빈집을 효율적으로 관리할 수 있도록 하겠다는 것이다.

그동안 인구 유출 심화 등으로 지방소멸이 가속화되면서, 장기 방치된 빈집은 범죄와 붕괴, 지역 경제 위축 등 사회경제적 측면에 영향을 미치기 때문에 체계적 빈집 정책 수립을 위해 종합적 현황을 파악할 필요가 있다는 요구가 꾸준히 제기됐다. 이에 그동안 지자체 조례 등으로 각자 관리해오던 것을 국토부와

---

9   국토교통부·농림축산식품부·해양수산부, 〈전국 빈집 현황 정확하게 파악 가능해진다〉(보도자료), 2023년 6월 8일 참조.

관련 부서가 함께 통합 관리하겠다는 것이다. 국토부 조사에 따르면 전국 빈집 현황(2022년 기준)은 도시 지역 4만 2,356호, 농촌 지역 6만 6,024호, 어촌 지역 2만 3,672호로 나타났다. 즉, 빈집은 비도시에 비해 두 배 이상 많다. 여기서 빈집이란, 1년 이상 아무도 거주하지 않거나 사용하지 않는 집이다.

나는 통계를 보며 다시 한번 실감한다. 사람들은 오래전에 집을 버리고 떠났고, 돌아오지 않았다. 그리고 지금처럼 도시를 중심으로 한 발전주의가 계속된다면, 조만간 빈집들처럼 마을도 텅 빈 채 방치될 것이다.

시골은 사람들을 다시 '돌아오게' 할 수 있을까? 돌아오고 싶을 만큼 살 만한 곳이 될 수 있을까?

희망하우스 빈집재생사업

시골로 이주를 생각하는 사람들은 시골에 넘쳐나는 빈집을 찾아 지자체에 문의하거나 인터넷에서 정보의 바다를 뒤적이기 마련이다. 그렇게 한번쯤 듣게 되는 지원사업이 있다. 희망하우스 빈집재생사업이 그것이다.

희망하우스 빈집재생사업은 낡은 빈집을 새로 단장해 저소득층, 귀농·귀촌인, 청년, 신혼부부, 65세 이상 노인, 장애인, 외국인 근로자가 4년간 무상으로 거주할 수 있게 하는 사업이다. 사업에 선정된 집주인이 빈집을 리모델링하거나 수선하는 비용으로 최대 2,500만 원까지 지원받아 빈집을 단장한 후 지자체에서 임차를 희망하는 사람을 연결해주는 방식이다.

그렇다면 이 지원사업은 그야말로 '희망하우스'일까? 궁금한 마음에 사업에 관련된 사람들을 찾아 이야기를 들어봤다.

담당 공무원이 가장 먼저 보인 반응은 "임차인이 갑자기 떠나버리면서 집주인이나 군에 통보조차 하지 않는 경우가 많아 골치가 아프다"는 것이었다. 나는 궁금했다. 4년이나 무상으로 살 수 있는데 왜 떠날까? 그것도 통보조차 하지 않고. 그래서 집주인이나 임차인들의 반응에 대해 알 수 있는지, 실태조사가 있는지도 물었다. 그는 "도에서 매년 실태조사를 하라고 지시가 내려온다. 임차했는데 살지 않으면 다른 사람이 지내야 하니까. 만족도까지 조사하지는 않고 살고 있는지만 조사하고 있다"라고 대답했다. 나는 내가 가장 답답하다고 느끼는 문제에 그가 의문을 품지 않는 데 실망했다.

담당 공무원은 "무상 임대 기간이 길어 집주인들이 신청을 망설이기도 한다"며 집주인들의 반응도 전했다. 그래서 집주인들의 요구를 반영해 2023년부터 지원금은 2,000만 원에서 2,500만 원으로 올리고, 무상 임대 기간은 5년에서 4년으로 줄였다고 했다. 비록 빈집재생사업이 저소득층과 주거 약자를 위한 것이기도 하지만, 집주인들은 '돌아올 자식'이 살 수 있도록 집을 유지한다는 데 매력을 느끼기 때문이라고 했다. 나는 또 한 번 실망했다. 빈집재생사업을 저소득층과 주거 약자를 위한 사업이라고 말하면서, 막상 집주인의 의견만 일방적으로 반영하고 있다는 생각을 지울 수 없었다.

　　나는 이후 지인을 통해 이 사업에 대한 또 다른 의견을 전해 들었다. 지원 금액의 실효성 문제였다. 지원금 2,500만 원으로는 부엌이나 내부 화장실, 지붕 등 우선 긴급한 곳을 선택해 손볼 수 있을 뿐이고, 기껏 수리해서 4~5년 무상 임대가 끝나면 다시 수리해야 한다는 것이다. 사람이 살다 나가면 아무래도 손볼 곳이 생기기 마련이기 때문이다. 무상 임대가 끝나면 시세대로 유상 임대를 해야 하니 아마도 손볼 곳은 더 많을 것이다. 이런 비용 문제 해결을 위해 어떤 집주인은 집을 직접 수리해 인건비를 아끼고 지원금은 자재비로 쓰기도 한다고 했다. 그런데 대부분의 경우 집주인이 시간과 노력을 들여 그렇게까지 하기는 어렵다는 것이다. 사업지원금을 받으면 임대료를 받기까지 4년을 기다려야 하는데, 차라리 그냥 자비로 고치고 임대료를 받는 게 더 이익이라고 생각하는 분위기라고 했다.

　　임차인들의 반응도 지인을 통해 전해 들었다. 그에 따르면 교통편이나 일자리 접근성이 좋은 곳에 있는 빈집 주인들은 사업을 신청하지 않는다. 이 사업을 신청하는 이들은 대개 교통편과 일자리 접근성이 떨어지는 빈집의 주인들이고, 이런 집들은 자연히 노화가 심한 경우가 많아 임차인이 정주를 포기하게 된다는 것이다. 군 담당자도 "빈집 소유자가 방문하기도 하고 신청한다는 문의는 많은데, 막상 가보면 너무 노후한 집이라 사업비로 정비할 수 없는 집, 철거해야 하는 집이 많다. 건축물대장이나 등기부등본을 확인했을 때 압류가 걸려 있어 제외된 경우도 있다. 이런 이유로 막상 대상이 되는 빈집이 그렇게 많지는 않다"라고 했다.

　　이는 공적 자금을 민간 소유주에게 지원하는 방식이 지닌 한계를 드러낸다. 교통, 집, 땅은 모든 인간이 누려야 하는 마땅한 권리이고, 그렇기에 공공재로 관리해야 한다. 현실적으로 이미 소유한 집을 빼앗을 수는 없다. 그러나 집을 점차 공공재로 전환하는 방향으로 정책을 펼칠 수 있지 않을까? 먼저 빈집부터 말이다.

대안은 있다

　군 담당 공무원에게 공공이 집주인에게 빈집을 빌리거나 구입해 임차인에게 임대하는 방법, 즉 빈집은행 제도는 어떻게 생각하는지 물었다. 군 해당 팀 과장은 "사람들은 시골에 쉬러 오지 일하러 오지 않는다"라고 단언했다.[10] 그러니까 시골에 살러 오지 않는다는 말이다. 그의 말은 현실을 반영하지만, 그 원인을 살펴 근본적인 대책을 마련할 의지는 없어 보였다. 그러면서 "(2023년) 1월에 도에서 회의가 있었다. 공공에서 빈집을 사서 보수해서 주라고. 그런데 나는 말도 안 된다고 생각한다. 왜냐하면 (이 방법은) 엄밀히 따져서 단독주택들이 다 군 건물이 되는 거다. 다 매입해서 다시 분양하라는 얘기다. 앞뒤가 안 맞고 말도 안 된다"라며 어이없다는 반응을 보였다. 나는 재차 왜 그런지 물었다. 그는 "취지는 좋으나 관리가 안 된다. 돈만 엄청나게 들어갈 것"이라고 했다. 군 담당 주무관은 민원인의 요청으로 주거복지센터나 LH를 통한 매입임대사업 등을 확인해봤지만 "인구가 적어서, 수요가 적기 때문에 안 된다"라는 확인을 받았다고 말했다.

10　불과 1년 후 농림축산식품부는 지자체와 함께 농촌 빈집 실태조사를 통해 빈집은행 제도를 추진하겠다고 밝혔다. 농림축산식품부, 〈지자체와 농촌빈집 재생을 위한 실태조사 착수〉(보도자료), 2024년 2월 7일 참조.

시골에 살기 위해 오는 사람들조차 집을 위해 '영끌'해야 한다. 행정은 주거 문제를 해결하기 위한 종합 대책이 없다. 다만 여러 지원사업이 나열되어 있을 뿐이다. 턱없이 적은 예산은 주거가 개인이 해결해야 하는 문제라는 의식을 반영한다. 빈곤층에 대한 편견도 드러난다. "시골에 활력을 불어넣어줄 사람들이 이용했으면 좋겠는데, 그런 사람들이 와서……"라던 담당 공무원의 말은 씁쓸한 여운을 남겼다. 나는 지원 제도와 방식이 편견을 만들고 강화해왔다고 생각한다.

그렇다면 방법은 없을까? 농촌경제연구원에서 발간한 한 논문도 "저성장 국면에도 작동할 새로운 주택 패러다임의 필요성"을 제기하며, 협동조합형 공공 지원 민간 임대주택을 새로운 주택 공급 모델로 제안하고 있다.[11] 집 없는 사람들이 임차인 사회적 협동조합을 만들어 건설 단계부터 유지와 관리, 운영까지 직접 참여해 살 집을 짓는 것이다. 이때 비용을 공공에서 지원받는다. 소유권은 공동체에 있다. 그러니까, 계속 검토를 요구하고 있는데도 안 된다고 하는 바로 그거.

나는 다시 '주거기본권'을 떠올렸다. 일본

---

11 이윤형, 〈주거패러다임 전환을 위한 새로운 주택공급모델과 사례〉, 《회복력과 전환: 더 나은 미래를 위한 성찰과 제언》, 공공의제연구소 오름, 2022, 41~67쪽.

빈집은행은 지자체가 판매자와 구매자를 연결한다. 때로는 빈집을 매입한 후 직접 수리하거나 용도에 따라 호텔이나 예술가촌 등으로 개조한 후 판매하는 등 다양한 실험을 한다. 국내에도 인천 미추홀구 등에 빈집은행이 있다. 또 프랑스에는 사회주택이 있다. 프랑스에서는 공공 임대주택을 사회주택이라고 부른다. 19세기 중반부터 지자체와 의식 있는 기업가가 시작했다. 지금은 사회주택을 30퍼센트까지 확보하는 것이 지자체의 의무다. 프랑스에는 사회주택에 입주하기 위해 장기 대기하는 사람이 정부를 대상으로 '주거저항권'을 행사할 수도 있다.[12] 프랑스 사회주택 관련 주요한 법안은 네 개가 있는데 1894년에는 주요 원칙을, 1906년에는 의무조항을, 1908년에는 노동자 가정에 주택과 토지 보장을, 1912년에는 국가의 의무를 세웠다.[13] 왜 좋은 정책들은 다 외국에만 있을까. 우리 현실에 맞는 대안을 우리가 먼저 찾아서 정책화할 수는 없는 걸까?

---

12   최민아, 〈공공주택의 답은 프랑스에 있다〉, 《한겨레21》 1373호, 2021년 7월, https://h21.hani.co.kr/arti/society/society_general/50689.html.
13   장 마크 스테베, 〈3장 서민주택: 입법부와 건축가의 고민〉, 《집 없는 서민의 주거권》, 강대훈 옮김, 황소걸음, 2022 참조.

3. 아픈 줄도 모르고 나홀로 집에: 고령화된 시골의 건강권

　　진안을 기반으로 발행하는 월간지에 기사를 쓸 때, 내가 쓴 기사를 보고 찾아온 사람이 있었다. 그는 지역 정치에 불만이 있고, 사람들의 삶이 안타깝다고 했다. 그에게 들었던 여러 이야기 중에 아직도 마음에 아프게 남은 이야기가 있다.
　　한국은 2008년부터 매년 지역사회건강조사를 하고 있다.[14] 지역의 건강정책 마련을 위해 만 19세 이상 성인을 대상으로 직접 방문한 결과로 통계를 발표한다.[15] 그는 지역사회건강조사 조사원으로 계약직 아르바이트 중이라고 했다. 그리고 노인들만 남은

14　질병관리본부 지역사회건강조사 홈페이지 참조, https://chs.kdca.go.kr/chs/bsnsIntrcn/bsnsSumryMain.do#bsns02.

마을에서 만난 현실을 이야기하기 시작했다.

"혼자 사는 노인이 자기가 치매인 줄 어떻게 알 수 있겠어요. 다른 누군가가 알아채야 하는데 마을에는 이미 노인들만 있어서 알아채기가 쉽지 않아요. 치매라도 누군가 옆에서 말이라도 걸어야 되는데…… 예방이 다 뭐야."

"잘 듣지도 못하고 말귀도 못 알아듣는 노인에게 흡연율, 스트레스, 음주, 청결, 혈압 등 병력을 물어보는데, 참…… 이게 무슨 의미인가 하는 생각에 그냥 빨리 도와야겠다는 생각만 들었어요."

"집에 혼자 있다가 잘못해서 미끄러졌나 봐요. 제가 방문했을 때 욕실 바닥에 꼼짝없이 누워서 누군가 발견해주기만 기다리고 있더라구요. 생각만 해도 아찔해요."

"시골에 혼자 사는 노인이 이도 안 좋고 하니까

---

15   질병관리청은 2023년 지역사회건강조사의 결과를 다음과 같이 발표했다. "-신체활동은 개선된 반면 흡연, 음주, 비만, 스트레스, 손씻기 등 건강행태는 악화. -지역별 양호하거나 미흡한 건강지표 상이, 지역 고유의 건강문제를 파악하고 각각의 특성에 따른 해소 전략 마련 필요." 질병관리청, 〈지역사회건강조사 2023년 조사 결과 발표〉 (보도자료), 2023년 12월 9일 참조.

주식이 막걸리인 거예요. 안주도 마땅치 않아요. 그냥 막걸리로 식사를 때우는 거죠. 영양도 부실해지고, 알코올 중독인데 그런 줄도 몰라요."

"몸을 움직이는 게 불편한데, 마을에 있는 사람이 다 노인이니까 도와줄 사람도 없어요. 그러니까 집에서 꼼짝도 안 하고 가만히 있는 거예요. 매일 잠깐씩 산책을 도와줄 사람이라도 있으면 좋을 텐데."

그는 이 모든 일을 '발견'할 때마다 조사원으로 주어진 그날의 할당량을 포기하고 도움 주기에 나선다. 나는 그의 말마따나 '아찔했다'. 고령화를 통계로, 숫자로 보는 건 익숙했다. 그런데 막상 고립된 시골 마을에서 홀로 살아가는 고령의 노인에게 어떤 상황이 닥칠 수 있는지는 짐작조차 하지 못했다.

빈집이 늘어간다는 건, 마을에 아이들의 소리가 사라졌다는 건, 거의 매일 어떤 마을에서 누군가 죽음을 맞이했다는 소식을 접한다는 건, 그만큼 홀로 집에 머무는 노인이 많다는 의미였다.

그렇다면 지역사회건강조사 결과는 이를 반영하고 있을까? 2023년 12월에 발표한 결과 보고에 따르면 조사 항목은 건강행태(흡연, 음주, 안전의식, 신체활동,

식생활 등) 및 만성질환 이환(고혈압, 당뇨병 등), 사고 및 중독, 삶의 질, 의료 이용 등이다. 결과는 이를 통계로 정리한 내용이다. 그리고 이를 반영해 각 지자체에서 건강정책을 마련하라는 내용이 있을 뿐이다. 국가의 통계 관리주의의 한계가 여실하다.

나는 궁금했다. 지역별로 집에 방문해서 건강조사를 한다면 비도시의 특성에 맞는 개별 문항이라도 포함할 수 없었을까? 시골 인구 고령화를 글자로만 외칠 게 아니라, 마을마다 마을 건강 모니터링 담당을 두고 이들에게 긴급대응반 역할을 맡긴다면 어떨까?

지자체가 담당자와 시스템을 갖추면 충분히 대비할 수 있다. 고령자를 위한 주거환경 개선 조례를 만들고, 마을 담당자를 세우고, 일상을 확인하고, 필요하다면 안전바 등 안전시설을 설치하고, 이동 수단을 제공하고, 긴급 연락망과 연락처를 점검하는 등 할 일이 많다. 무엇보다 각자의 상황과 조건에 맞도록, 의식주에 문제는 없는지도 문제가 발생하기 전이나 직후에 확인하고 대비할 수 있다.

아무래도 그렇게 촘촘한 돌봄을 위해서는 담당자가 마을에 거주해야 좋을 것이다. 마을에 청년이 있다면 그에게 맡기면 좋을 것 같다. 만약 마을에 청년이 없다면 귀촌하는 청년들에게 마을에서 주거지와 일자리를 동시에 제공하는 방법도 있다.
 최근 몇 년 전부터 시골 곳곳에 요양원이 세워지고 있다. 시골 버스를 타고 이동하다 보면 어떤 구간은 마을마다 요양원이 있다. "이러다가 시골 전체가 거대한 요양원이 되는 것 아니냐"는 우려 섞인 말도 나온다.
 그러니 지자체가 보장하는 청년 일자리로 마을 건강 모니터링 담당 일자리를 만들면 어떨까? 청년들에게 정착 지원금이라며 대출 알선을 할 게 아니라, 주거지와 경제활동을 보장해야 한다. 지자체가 나서면 일자리를 만들 수 있다. 영리를 목적으로 하는 시설에 돌봄을 맡겨서는 안 된다. 개인의 능력에 따라 기대할 수 있는 돌봄이 달라도 안 된다.

4.

**어떤 전기 사용자의
고통과 좌절:
에너지 자립과 주거권**

어떤 전기 사용자의 고통과 좌절

    외식을 거의 하지 않고 집에서 밥을 해 먹는 시골살이를 하면서 가장 힘들었던 점은 좁고 더운 부엌이었다. 4월 중순만 넘어가도 가스불이 뱉어내는 더운 공기를 감당하기가 어려웠다. 간단히 국수만 삶아도 줄줄 흐르는 땀에 숨이 막혔다. 결국 가스레인지를 하이라이트와 인덕션 전기레인지로 바꾸고 나서야 한숨 돌릴 수 있었다. 이 결정은 여러 가지로 아주 만족스러웠다. 가스를 따로 집에 들이지 않아도 되니 안전에 대한 걱정도 줄었다.

    그런데 다른 걱정이 생겼다. 걱정도 총량의 법칙이 있는 걸까? 이번엔 전기 때문에 머리가 아팠다.

전기를 쓸 때마다 마음이 고통스러웠다. 한국의 경우 90퍼센트 이상 화석연료를 이용해 전기를 만든다는 자각 때문이다. 할 수 있는 한 최소한으로 쓰고 싶었다. 그런데 최소한으로 쓰고자 해도 전기는 일상의 곳곳에 있었다. 이 순간에도 나는, 전기를 쓰는 노트북 앞에 앉아 있다.

나는 태양광 패널을 설치하지 못한다. 집도 땅도 내 소유가 아니기 때문이다. 보조금이 있으면 뭐하나. 그림의 떡인걸. 집주인에게 허락을 구해 서류를 갖추면 된다고는 하지만, 그런 번거로운 일을 허락할 집주인이 얼마나 될까?

무슨 말이냐면, 주택용 태양광 패널(3kW)을 설치하려면 총 600만 원 정도가 필요한데 약 400만 원 정도는 정부 지원이 된다. 그런데 정부 지원을 받으려면 자기 집이어야 하거나, 집주인의 허락이 필요하다. 대도시에 나가 있는 집주인이 여기까지 와서 확인하고 도장 찍고…… 본인이 거주하지도 않는 집 때문에 이 번거로운 일을 하려고 할까? 더군다나 자부담 200만 원을 들여서 말이다. 세입자 입장에서는 자부담 비용을 본인이 내기도 힘들다. 돈도 없고 설사 있더라도 내 것이 아닌데 그런 거금을 부담할 수 있을 리가 없다. 그러니 본인이 소유한 집이 아니면 태양광 패널을 설치하는 일은 힘들 수밖에 없다. 그래도 나는 미련을 버리지 못해 새해가 되면 관련 지원사업에 변화는 없는지 찾아보게 된다.

　　난방 문제도 있다. 가스나 석유 등 화석연료를 이용한 지금의 난방 방법은 지속가능하지 않을뿐더러 더 이상 저렴하지도 않다. 2015년 내가 막 귀촌했을 무렵 200리터에 7만 원 정도였던 난방유는 2023년엔 25만~30만 원을 넘나든다. 보일러를 다 잠그고 주로 거주하는 곳 하나만 열어둔 채, 최소한의 난방만으로 버텨도 가을부터 이른 봄까지 약 600리터는 필요하다. 비싼 난방유를 아끼기 위해 상대적으로 싼 전기를 이용한 난방용품들도 오른 전기세를 감당하기 버거워 아끼고 아낀다. 지난 겨울 난방비 폭탄 같은 일이 처음이자 마지막일 리가 없다. 더군다나 세계 각국에서는 이미 2025년까지 화석연료 보조금을 폐지하기로 약속한 상황이다. 재생에너지로의 전환은 더 이상 미룰 수 없고 미뤄서도 안 된다.

　　그리고 주거 에너지를 생산부터 소비까지 재생에너지로 전환하는 데, 개인이 아닌 마을과 공동체를 지원하는 방향으로 정책이 바뀔 수는 없을지 고민한다. 그렇게 된다면 집도 땅도 소유하지 않은 개인도 탄소 에너지 사용에 괴로워하지 않을 텐데 말이다.

시골에서 태양광 패널이 혐오시설이 된 까닭

한국에너지기술연구원에 따르면 한국의 신재생에너지 발전량 비중은 8.3퍼센트(2022년 기준)이며 태양광 비중이 가장 높다. 또한 태양광 발전 생산량은 전남, 전북, 충북, 경북, 경남, 경기, 강원, 충북 등의 순으로 주로 시골에 집중되어 있다(2020년 기준).[16]

실제로 시골에서는 산과 언덕, 들과 논, 축사 주변으로 대규모 태양광 패널을 손쉽게 볼 수 있다. 그러나 시골 사람 대부분은 태양광 패널을 혐오시설로 생각한다. 농촌에서 송전탑과 태양광 패널 설치를 반대하는 이유는 같다. 한국 사회가 그동안 해왔던 것처럼 농촌을 희생해서 도시를 부양하고 있기 때문이다. 이익은 도시에서 누리고 손해와 고통은 시골에서 감수하고 있으니 말이다. 소작농이나 주민 동의 없이 마을 경관을 해치고 자연을 훼손하면서 재생에너지 설비를 설치한다면 찬성할 수 없다. 에너지 전환은 이익을 분배하고 에너지 불평등을 해소하는 방향을 향해야 한다.

그렇다면 태양광을 통한 이익을 주민들이 공유할

16　최지영·안지석, 〈대한민국 지역별 사업용·자가용 태양광 생산량 비교〉, 한국에너지기술연구원 기술정책플랫폼, 2023, https://www.kier.re.kr/tpp/tppBoard/view/26?menuId=MENU00962.

수는 없을까? 마을 공동체가 에너지협동조합을 만들어 주민들에게 이른바 '햇빛연금'을 지급하는 방법이 있다. 신안군이 대표적인 사례다. 주민 누구나 조합비를 내고 분기별로 배당금을 받는 방식이다. 이렇게 하면 집주인, 땅 주인이 아니어도 조합에 가입하고 재생에너지를 생산하는 데 기여할 수 있다. 업자를 통하지 않고 주민과 농민이 주인이 되는 방식도 가능할까? 가능하다. 이미 여주시 구양리와 대신3리 햇빛두레발전소 사례가 있다.

난방 시스템에 대한 해법은 독일 상트페터 마을의 마을 공동 난방 시스템을 참고할 수 있다. 마을 보일러를 마을 한가운데에 설치하고 나무나 폐기하는 작물을 태우면 이를 각 가정에서 스위치 하나로 이용할 수 있다. 부럽다. 독일 펠트하임 마을 사례처럼 축산 분뇨와 음식물 찌꺼기를 태워 에너지로 전환하는 방법도 있다.

나는 무엇보다 개인과 마을이 사용하는 전기 기기와 난방, 온수 등에 필요한 모든 에너지를 채굴주의나 탄소배출 걱정 없이 자립적으로 사용할 수 있기를 바란다. 그러니까 개인이나 마을이 필요한 만큼 쓰고 남으면 에너지가 부족한 다른 곳에 빌려주거나 판매하도록 했으면 좋겠다.

지주-소작 문제, 마을의 경관 문제 등이 없도록,

그리고 마을 주민 동의를 통해 사업을 추진해야 할 것이다. 산업형 개발주의는 당장 멈춰야 한다. 태양광 패널로 지구 전체를 뒤덮을 것이 아니라면 말이다. 재생에너지로 발생하는 이익은 공동체의 통제하에 모두가 평등하게 공유한다는 원칙은 필수다.

　　마을 재생에너지 협동조합을 만들고 주민 의견을 반영하고 참여를 권하는 것부터 시작할 수 있을 것이다. 주민참여예산제도 등 현재 활용할 수 있는 공적 지원금을 활용할 수도 있을 것이다. 이를 통해 공동체 내 민주주의를 이룰 수도 있다.

4부

생존권을 넘어 존엄을 지킬 수 있도록: 시골과 경제권[1]

---

1 생존권은 생존, 즉 의식주처럼 생활에 필요한 모든 조건을 확보하기 위해 이를 요구·쟁취하는 권리를 말하고, 경제권은 생산, 소비 등과 관련된 활동을 할 수 있는 권리를 말한다.

1. 시골의 삶에 맞는 경제권의 재정의가 필요하다

시골의 경제활동

살기 위해 필요한 것을 채우려는 모든 활동(생산, 분배, 소비)을 우리는 경제활동이라고 한다. 시골에서도 경제활동을 한다. 텃밭을 일구고, 필요한 것을 가급적 직접 생산한다. 넘치는 작물이나 생산 물품을 교환하거나 나누기도 한다. 그래도 돈은 필요하다. 텃밭에 필요한 도구나 부족한 모종을 구입해야 할 때도 있고, 집을 보수하는 데도 돈은 필요하다. 난방비와 전기료, 건강보험료와 국민연금도 내야 한다. 가끔은 책도 사서 읽고 싶다. 직접 생산하는 데 필요한 도구와 재료 중 일부도 구매해야 한다. 또, 가끔 다른 사람이 만들어준 음료나 음식을 사먹기도 하고, 이동하기 위한 교통비도 필요하다. 지금 우리가 사는 세상에서는 경제활동을 하려면 반드시 돈이 있어야 한다. 그러니까 시골살이에도 돈은 필요하다.

경제활동의 의미와 방법은 자본주의-도시화에 따라 변해왔다. 우리는 돈이나 자산으로 바꿀 수 없는 활동은 노동이라 부를 수조차 없는 사회경제 정책이 완성된 시대를 살아간다. 그러나 시골은 사람은 물론, 임금노동을 할 수 있는 일자리도 부족하다. 모두 도시에 빼앗겼으니까. 게다가 시골살이에서 시간과 노동은 대부분 '돈은 되지 않고 의미와 책임 있는 일'로 채워진다. 내가 아는 시골 여성들은 분초를 다투며 산다. 논밭도, 가족도, 모두 돌봐야 하니까. 농사와 가족 돌봄은 돈이 되는 일이라서가 아니라 의미와 책임으로 이루어지는 일이다. 시골 여성 대부분은 경제권 없이, 존중 없이 그 일을 한다. 그런데도 여성인권, 성평등, 여성의 경제권 등은 공론화되기에 이르다거나, 불필요하다는 반응이거나 아예 관심조차 없었다. 말을 꺼내는 것조차 불편해하는 분위기다.

한편, 시골에서는 일자리가 부족해도 주 5~6일, 하루 8~10시간을 일하는 임금노동자로 일을 시작했다고 하면 "안됐다"라는 소리를 듣는다. 시간에 대한 자기 결정권이 사라지고 돈을 버느라 과부하에 걸리기 십상이기 때문이다. 게다가 임금노동 시간에 맞춰 나머지 시간에 농사도 돌봄도 해야 한다. 그러니 돈을 버는 경제활동 시간은 필요한 만큼만 짧게, 원하는 방식으로 할 수 있기를 바라지만 그런 일자리를 구하기는 쉽지 않다.

시골에서 임금노동자로 살기

코로나19 재난 시기를 지나며 나는 현실과 타협하는 결정을 내렸다. 임금노동자가 되기로 한 것이다. 얼마나 버틸 수 있을지는 무척 회의적이었다. 그래도 먹고살아야 하니까 어쩔 수 없다고 생각했다. 워크넷에 등록하고, 국민취업지원제도를 확인했다. 로컬JOB센터에 등록도 했다. 이력서를 쓰고 상담을 했다. 나를 상담했던 센터 직원은 미안한 표정으로 말했다. "여기서 일자리를 얻기 힘든 경력들이네요." 내가 가진 경력에 맞는 일이 없거나 경력이 부담스럽다고 했다. 나는 웃었다. 알고 있다고. 그뿐만 아니라 시골에서 만나는 고용주들은 다양한 역할을 소화해내는 풀타임 직원을 선호하면서도 노동인권 감수성과 인식은 낮았다.

워크넷에 올린 이력을 봤다는 연락을 받았다. 내게 연락을 한 사람은 당장 정규직원으로 채용하기는 힘들지만 곧 가능하니 그동안만 임시직 프리랜서로 일해달라고 했다. 나는 흔쾌히 그렇게 하겠다고 동의했다. 나도 부담이 적어 좋았다. 그러나 프리랜서로 일한다는 건 의무는 정규직과 동일하되 일의 분량은 적고 그나마 들쑥날쑥하다는 의미였다. 분량이 적다고 일을 조금 할 수 있는 것도 아니었다. 숙련도의 문제가 아니었다. 그리고 일의 분량이 적고 들쑥날쑥하다는 건 수입이 안정적이지 못하다는 의미였다. 또 프리랜서로 일한다는 건 의논의 대상조차 될 수 없다는 의미이기도 했다. 나는 매번 눈치껏 일하고 눈치껏 빠져야 했다. 처음 약속했던 정규직 채용은 약속한 기간 이후에도 지켜지지 않았다. 내가 묻기 전에 이유를 설명해주는 사람도 없었다. 나는 그들의 동료가 아니었다. 약속이 지켜지지 않은 이유를 물었을 때 "지원금을 신청했는데 자꾸 미뤄지네요"라는 대답을 들었다. 그러니까 인건비 지원 보조금을 신청했는데 심사에서 떨어졌기 때문에 정규직 채용은 할 수 없다는 말이었다. 시골에서는 일자리 지원사업 등 각종 지원사업에서 지급되는 지원금이 없으면 임금노동조차 할 수 없었다.

    임금, 근로시간, 휴일, 퇴직금, 휴가, 취업의 장소, 업무 내용 등은 모두 고용주 마음대로였다. "근로계약서는 신뢰가 쌓였을 때 쓰는 것"이라는 말을 듣기도 했다.

시골의 삶에 맞춘 경제권을 상상하기

　이 모든 경험은 시골에 맞는 경제활동 및 경제권 보장이 필요하다는 생각으로 이어졌다. 우선 돈이 되지 않는, 의미와 책임으로 수행되는 노동들의 가치를 인정하고 그것에 맞게 제도를 정비해야 한다. 텃밭/농사와 돌봄의 가치를 인정하고 보상해야 한다. 가족농을 수행하는 여성에게 경제권을 보장해야 한다. 더 이상 남편이나 아들에게 '생활비를 타지' 않아도 되게끔 말이다. 자급노동과 자급농, 소농일지라도 삶이 불안하지 않아야 한다. 임금노동을 원하는 사람에게는 다양한 조건과 선택지가 제공되어야 하고, 필요에 따라 임금노동을 할지 말지 여부를 넘나들 수 있어야 한다. 상황과 조건에 맞는 노동인권 보장도 당연히 필요하다. 새롭게 시골 사회경제로 진입하거나 전환하거나 그것을 병행하려는 사람들의 어려움에 맞춰 진입 장벽을 낮추고 소득과 권리를 보장해야 한다. 그러니까 지금 시골 사람들의 삶의 방식에 맞는 경제활동의 의미와 방식을 재정의하고, 그에 맞는 지원 정책이 필요하다.

2. 시골에서 더 가난한 여성들

'여성이나 인권 그런 거'

    아주 오랜만에 예전 직장인 시절 동료가 전화를 걸어왔다. 오랫동안 나누지 못했던 이야기를 이어갔다. 수다는 어느새 나이 들수록 불안한 생계 문제로 넘어갔다. "아니, 이제 이 나이쯤 되면 안정감을 느껴야 한다는데 난 왜 여전히 불안한지 모르겠어. 나는 그나마 안정적인 직장과 수입이 있지만, 현재도, 미래도 불안해." 절로 고개를 끄덕인다. 그리고 덧붙인다. 사실 지금까지 불안하지 않았던 적이 없었다고. 모든 세대가 각자의 불안함에 내몰리며 살아가는 시대라고.
    삶은 늘 '삶의 질'이라든가, '안락함'이라든가,

'평화로움'이라는 기대를 배신해왔다. 삶에서 오로지 확실한 건 불안한 삶을 해결하기 위한 전쟁같이 처절한 생존 투쟁이었다. 계급이 나뉜 사회에선 힘을 얼마나 가졌느냐가 생존 투쟁의 승패를 가른다. 계급투쟁은 목숨을 건 서바이벌 현장이다. 위치가 낮은 존재일수록 더 많이 빼앗겨야만 하는 슬프고 가혹한 끔찍한 상태를 감당하는 것이 당연하게 여겨진다. 그런 체제에 성공적으로 적응한 사람들은 이미 주어진 사회가 그러니까 어쩔 수 없다고, 그냥 적응해야 한다고 말한다.

  인류의 시간이 항상 이렇진 않았을 텐데, 어쩌다 우리는 이런 시간 속에 살게 된 것일까? 자본주의는 특정한 존재들을 '저렴한 것들'로 만듦으로써 완성되었다.[2] 자본주의에서 저렴하다는 것은 낮은 위치에 있음을 의미한다. 저렴하고 낮은 위치에 있는 존재가 하는 이야기는 '드러내는' 것만으로도 울림이 있다. 있지만 보이지 않거나, 의도하지 않고도 배제와 삭제가 있기 때문이다. 그래서 소수자다. 배제와 삭제로 그려진 세상 속에서 소수자들의 '말하기'는

---

2 라즈 파텔·제이슨 W. 무어, 《저렴한 것들의 세계사》, 백우진·이경숙 옮김, 북돋움, 2020. 이 책은 우리가 왜 이렇게 살아가고 생각하고 느끼게 되었는지, 자본주의는 어떻게 우리를 이런 구조에서 살게끔 몰아넣을 수 있었는지를 분석한다. 책에 따르면 자본주의는 자연, 돈, 노동, 돌봄, 식량, 에너지, 생명을 저렴하게 만듦으로써 스스로를 실현할 수 있었다.

정치적이고, 용기가 필요한 일이다. 그리고 '말하는 사람'에게는 '잘 듣는 사람'이 필요하다. 듣는 사람에게도 '잘 들을 용기'가 필요하다. "너 때문에 억압을 느낀다"는 말 따위로 기껏 용기 낸 말하기를 다시 밀어낼 게 아니라면.

  사회관계망과 경제관계망이 일치하는 시골살이에서, 나는 대부분의 시간 동안 고립된 가난을 감당해야 했다. 나에게도 편견 없이 잘 들어줄 사람이 절실했다. 가까이에서 가끔 만나는 사람들은 듣고자 하지 않을 때가 많고, 잘 들어줄 사람들은 너무 멀리 있었다. 나는 타인에 대한 몰이해와 편견에 따른 모욕과 막말, 수단화에 분노하고 상처받았으며, 어떻게 반박해야 할지 고민했다. 그러나 나의 반박이 자칫 단절로 이어질까 늘 망설였다. 시골에서 사회관계망을 잃는다는 건 사회적 고립뿐만 아니라 경제적 고립이기도 하니까. 무엇보다 가까이 있는 사람들과 잘 통하고 싶었다. 그래서 소수자의 가난이나 환경, 인권 등을 주제로 한 세미나와 활동을 제안하고 진행하기도 했다. 그러던 어느 날 버스에서 세미나를 함께하는 분의 남편을 만났다. 그는 대뜸 나에게 "여성이나 인권 그런 거 말고 의미 있고 좋은 책을 읽었으면" 한다고 말했다. 내게 그런 '조언'을 한 사람은 그 부인이 가정 내 소득 분배, 즉 재산을 나누자고 제안했을 때 거절한 장본인이기도 했다.

그래서 나는 여성의 날을 핑계로 시골에서 살아가는 여성들의 삶을 기록하고 싶었다. 일종의 동지애였다. 하지만 인터뷰에 응해줄 사람을 찾아 헤매는 시간이 이어졌다. 답답했다. 일단 통계부터 파악해보기로 했다. '여성'을 중심으로 이 지역 사회조사 통계를 다시 분석해봤다.

시골 여성도 가난하다

《2022년 무주군 사회조사 보고서》에 따르면 무주 군민의 절반은 삶 전반('가정' 42.5%, '학교' 30.1%, '직장' 45.9%, '사회생활' 50.1%)에서 성차별을 경험하고 있고, 이는 여성의 경제활동에도 큰 영향을 미치고 있었다. 이 보고서에서 여성의 경제활동 관련 내용만 정리했더니, 여성은 적게 벌고(77.0%는 '200만 원 미만' 저소득층), 적게 쓰는 것으로 나타났다(62.4%가 '100만 원 미만' 저소비층). 이는 남성보다 여성이 취업하기 어려운 현실을 보여준다. 특히 임신과 육아로 인해 '39세 미만의 여성'은 다른 연령대의 여성보다 취업하기 더 어렵다. 또 '일과 가정생활의 병행이 어려운 이유'를 '가사와 양육 부담'으로 답한 비율도 여성이 더 높았다. 경제활동에 나선 여성들은 6~12개월 미만(39.7%)의

짧은 근속 기간이 가장 많았는데 이는 고용 형태가 임시근로자(47.7%) 비율이 높은 것과 관련 있을 것이다.[3] 이는 여성들에게 주어지는 일자리의 절반 가까이는 근속 기간이 짧은 계약직 일자리라는 의미고, 그만큼 노동조건과 소득이 열악하리라는 것을 미루어 짐작할 수 있다. 예상했던 숫자고, 여성의 가난은 시골만의 문제도 아니지만 도시의 여성 임금노동자뿐 아니라 시골 여성의 가난'도' 이야기하고 싶다.

 나는 통계가 말해주는 현실을 좀 더 자세히 살펴보고 싶었다. 먼저 불안한 삶을 버티게 해줄 정부의 지원 정책은 어떤 것이 있는지, 시골에서는 어떻게 작동하고 있는지 알아보기로 했다.

 그중 국민취업지원제도는 2021년에 처음 도입되었는데 청년, 장기구직자, 경력단절 여성 등 고용보험의 사각지대에 놓인 구직자에게 취업 지원과 소득 지원을 함께 제공하는 한국형 실업부조다.[4] 일자리를 구하기도 어렵고, 당장 조금이라도 수입이 필요한 상황에서 내일배움카드로 국비 지원을 받으며

---

[3] 전대성 외,《2022 무주군 사회조사 보고서》, 무주군청 기획실, 2022.
[4] 1년 동안 취업 의욕 고취를 위한 각종 심리·취업·진로 상담, 직업훈련, 창업 지원 및 일 경험 프로그램, 각종 고용/복지 연계 프로그램을 제공한다. 요건이 맞으면 구직촉진수당으로 월 50만 원을 6개월 동안 지원받을 수 있다. 취업 또는 창업에 성공하면 취업성공수당도 받는다. 2023년부터는 구직자에게 생계 부담을 줄여 충실히 구직 활동을 할 수 있도록 구직촉진수당에 가족수당이 추가 지급된다. 가족수당은 부양가족 1인당 월 10만 원, 최대 40만 원까지 지원한다.

자격증 등 취업교육도 받을 수 있다는 장점이 있다. 그러나 프로그램에 참여한 사람들은 까다로운 상담과 서류 구비, 월 2회 구직활동 증빙, 힘든 직업훈련 프로그램, 조기 취업을 하지 않으면 프로그램에 참여하는 6개월 동안 월 50만 원으로 버텨야 하는 어려움을 단점으로 꼽았다. 프로그램 참여 중에는 아르바이트를 병행할 수 없기 때문이다.

    시골에서 이 프로그램에 참여하는 사람들은 어떤 상황인지 알아봤다. 프로그램 담당 주무관과 컨설턴트는 국민취업지원제도의 내실화에 고민이 많았다. 특히 시골에서 계속 거주하고자 하는 사람에게 일자리를 매칭하기가 쉽지 않다는 것이다. 또한 여성은 시골로 이주하면서 경력단절이 되는 경우가 대부분이라고 했다. 여성이 시골로 이주하는 경우는 남성에 의해 결정되는 경우가 많아 이전에 했던 일을 할 수 없기 때문이다. 남성은 이미 자신의 경제활동 기반이 있거나 그것을 준비한 채 시골로 오지만 여성은 결혼으로 인해 이전의 삶과 직업을 포기하게 되는 경우가 많다. 그런데 시골에는 국비 지원 자격증반이나 내일배움카드로 직업훈련을 받을 수 있는 학원도 없다. 그러니 프로그램 참여자들은 원하는 직업훈련을 받기 위해 가까운 도시로 나가야 한다. 운전해서 바로 이동해도 왕복 2시간에서 3시간 거리다. 또는 가까이 있지만 국비 지원이 없는 학원에 가야 한다. 대도시에 비해 시골은 누릴 수 있는 복지조차 '비싸다'.

물론 지역 내 여성새로일하기센터에서 운영하는 직업훈련과 전문 자격 취득 과정도 있다. 주로 컴퓨터 관련 자격증 취득 과정, 한식 조리사, 요양보호사, 간호조무사, 독서지도사 자격증 취득 과정 등이다. 그러나 일자리 자체가 많지 않아 창업 과정 프로그램이나 운전면허, 장롱면허 탈출, 생활 목공예처럼 고용주의 필요에 더 가깝거나 취미활동을 지원하는 프로그램도 있다.

시골에서 여성으로 일한다는 것의 어려움

시골에서 여성은 자격증이 있고 일자리가 있어도 취업이 쉽지 않다. 일자리를 선택할 수 있는 폭이 좁다는 이유도 있지만 무엇보다 시골만의 현실 때문이다.

한국농촌경제연구원의 이순미 부연구위원은 "농촌 여성은 양육 및 가사 돌봄 책임에 대한 부담으로 시간제 근무를 선호하며, 농업에 종사하는 경우 혹은 가족이 농업에 종사하는 경우 농번기에는 취업을 선호하지 않는다. 그러나 여성들의 탄력적 노동시간 수요는 기업의 입장에서는 잘 고려되지 않는다"라고 말했다. 기업에서는 시간제 근무가 업무 연속성이 떨어지고 업무 공백이 발생한다고 보기 때문에 전일제 근무를 원하고, 한 사람이 여러 가지 역할을 동시에 수행하기를 원하는 경우가 흔하지만 여성들은 이런 근무형태와 근무조건을 원하지 않는다.[5]

여성은 양육과 가사를 담당하고, 농업노동의 보조자라는 가부장적 인식이 만연하다는 점도 여성의 취업을 어렵게 한다. 통근의 어려움도 있다. 군 지역은 대중교통 인프라가 부족한데 시골 여성들은 교통 약자인 경우가 많다.[6] 하지만 영세하거나 소규모인 업체가 많아 통근 버스는 대개 운영되지 않는다. 또한 지자체는 청년 실업은 고민하지만 여성 실업은 고민하지 않는다.

그러다 보니 시골 여성들에게 주어지는 일자리란 주로 '여성 일자리'로 인식되는 가사노동, 조리 노동이다. 그리고 이는 대개 노동강도가 높은 단시간 저임금 일자리다. 상황이 이러니 차라리 취업을 포기하기도 한다.

시골 여성 경제활동에 대한 연구와 정책이

---

5   이순미, 〈농촌 노동시장의 성별 구조와 농촌여성 일자리 정책 과제〉,《젠더와 농촌사회 2023 워크숍》('젠더와 농촌사회 2023 워크숍' 자료집), 한국농촌사회학회, 2023, 73쪽.
6   나는 그 이유가 시골의 가부장적 문화 때문일 것이라고 짐작한다. 시골에서 면허를 딴다는 건 시간, 비용, 노력을 꽤 들여야 하는 일인데, 문제는 가족 내 해당 여성의 지위와 역할이 면허를 따는 데 들어가는 자원을 허용받을 수 있는가이기 때문이다.

필요하다. 가부장적 성역할에 따른 일자리를 벗어나
일자리 영역도 확장되어야 하고 기존 일자리의
노동조건도 개선해야 한다. 일을 위한 이동에 따른
부담을 노동자에게 전가하는 분위기도 바꿔야 한다.
이동의 편리성은 지자체와 사업주가 보장해야 한다.
무엇보다 지자체와 사업주는 여성의 경제활동을
보장하기 위해 시골 여성은 양육과 돌봄, 가사, 가족 내
농업노동에 대한 보조자라는 인식부터 바꿔야 한다.
이런 인식이 여성의 경제활동을 제한하고 여성들을
가난하게 만든다.

듣기조차 어려운 여성 농업인의 현실

그렇다면 또 다른 일하는 여성, 여성 농업인의
현실은 어떨까?

몇 달을 수소문하고 주변에 부탁해 겨우 귀농한
지 23년 차 여성 농업인을 만날 수 있었다. 누가 누군지
금방 아는 시골 사회관계망에서 민감할 수 있는
이야기인지라 여성 농업인의 삶을 솔직히 털어놓을 수
있는 용감한 '증언자'를 찾기 힘들었기 때문이다.

김미영 씨(가명)는 도시에서 자기 명의의 가게를
내고 경제활동을 하다가, 남편의 집안 상황 때문에
귀농했다. 아는 사람도, 갈 곳도, 할 일(경제활동)도
없었던 그는 처음 3년 동안 때때로 무작정 집을 벗어나

일대를 "방황했었다"고 털어놨다. 그야말로 차를 끌고 나가서 목적 없이 돌아다니다 집으로 들어가곤 했다고 한다.

내가 그를 만난 날은 마침 작목반[7]이 방문하는 날이었는데 남편이나 아들과 달리 그는 계속 일을 손에서 놓지 못했다. 작목반원들에게 이런저런 설명을 하거나 수확물을 박스에 포장해 차량에 싣는 등 쉼이 없었다. 점심때가 되자 작목반원들과 그의 남편, 아들은 모두 점심식사를 위해 식당으로 향했다. 왜 함께 가지 않느냐는 내 물음에 그는 "시어머님 점심식사 차리러 들어가봐야 한다"고 했다.

나는 본인이 경제활동을 하고 있다고 느끼는지 궁금했다. 그는 스스로를 여성 농업인이라고 분명히 인식하고 있었다. 그러나 남편에게 '공동경영주' 등록을 원한다고 했을 때[8] "그럴 필요가 없다"는 말로 거절당했다고 했다. 농사지어 번 돈은 모두 남편과 아들 이름으로 된 통장으로 들어간다. 본인 명의의 통장이 있냐는 물음에는 통장은 있지만 생활비

---

7   작목반(作目班)은 같은 작목을 재배하는 농가들이 농산물의 생산과 유통, 판매 등의 작업을 공동으로 진행해 농가 소득을 높이기 위한 목적으로 결성한 조직이다.

8   공동경영주등록제도란 농업경영체 배우자의 양성평등 및 직업적 지위를 보장하기 위해 농업인으로서 경영주와 같은 혜택을 부여받을 수 있도록 한 제도다. 2016년 3월 도입됐으나 경영주의 동의가 필요해 등록이 지지부진했다. 2018년부터 경영주의 동의 없이도 등록할 수 있도록 법률 시행규칙이 개정됐다.

통장이라고 답했다. 즉, 본인의 경제활동에 대한 보상은 없다는 말이다. 생활비 통장으로 본인만을 위해 사용하는 지출은 어떤 것이 있냐는 질문에 "시장에서 몸빼바지 예쁜 것 사 입은 적이 있다"라고 답했다.

이처럼 가족이나 부부가 경영하는 농가는 대부분 남성이 대표로 등록되어 있다. 여성 농업인으로 등록된 경우는 남편이 없고, 자식이 농업에 종사하지 않는 경우라는 이야기도 들을 수 있었다. 여성노동/인권에 대한 낮은 인식 때문이다.

2021년 제정된 여성농어업인 육성법은 여성 농업인의 삶의 질, 전문인력화, 농어촌 지역의 양성평등 확대를 위해 노력할 것을 국가와 지자체의 책무로 둔다. 2023년 무주군에 요청한 정보공개청구 답변에 따르면 무주군 여성 농업인 정책은 출산여성 농가 도우미 지원사업, 여성 농업인 생생카드 지원사업, 여성 농업인 농작업 편의장비 지원사업이 있다. 그 외 농업기술센터 농업지원과, 기술연구과, 농촌활력과에서는 무주군 여성 농민에 관한 통계자료 및 여성 농민 정책에 대해 공개할 대상 정보가 없다고 했다.

이에 대해 전북여성농민회 이현숙 부회장은 "농촌에서 여성 농업인이 차지하는 비율이 약 52퍼센트다. 그런데도 여성 농업인의 삶은 잘 드러나지 않는다. 오랜 노력 끝에 여성농어업인 육성법, 성평등 기본조례를 만들고, 이를 근거로 중앙정부에서 각 지자체로 가는 사업이 한 해에 40~50개 정도 된다. 그러나 이들 사업을 모두 알고 홍보, 집행하는 공무원을 찾기는 힘든 것이 현실"이라고 말했다.

제도를 마련하는 것은 중요하다. 제도에 따라 인식이 바뀔 수 있으니 말이다. 그러나 인식의 변화 없이 제도만 있을 경우의 문제는 심각하다. 지원사업 예산 챙기기에 급급해 제도의 취지에 맞는 인식과 실천이 뒤따르지 못하는 개인이나 단체에 사업이 떨어지거나, 아예 제도 자체가 집행되지 못하는 경우가 생길 수 있기 때문이다.

가족농에 묻힌 시골 여성의 노동을 끄집어내기

군에서 마련하는 여성 농업인 전문교육이 있다고 해서 취재한 적이 있다. 군 담당자에 따르면 그동안 요리, 압화, 퀼트 같은 교육을 진행했다고 한다. 취재 당시에는 호두와 쌀을 이용한 간식 만들기 교육이 진행 중이었는데 참여자들의 만족도가 매우 높다고도 했다. 참여자들에게 물으니 대부분 "이렇게 배운 것들을 축제 같은 데 선보이고 수입으로 연결할 수 있을 것"이라고 기대하고 있었다.

다른 의견은 없는 걸까? 여성 '농업인'을 위한

전문교육인데 농업인으로서 필요하다고 여기는 교육은 없을까? 반복되는 질문에 한 참여자는 "이런 교육도 중요하지만, 여자는 솔직히 남자가 하자는 대로 따라가지, 농사법 이런 걸 따로 배우지는 못했다"라며, "농기계 다루는 법 등 농업인으로서 전문성을 기를 수 있는 교육도 필요하다"라고 했다.

군 담당자는 참여자들의 요구를 모니터링하고 반영하고 있다고 말했다. 그런데 왜 이런 요구는 반영되지 못했을까? 이에 대해 전북여성농민회 이현숙 부회장은 "과거에 여성 농업인에게 직업을 질문하면 '주부'라고 말했다. 지금도 여성 농업인이라는 정체성을 자각하지 못하는 경우가 많다. 그럼에도 당사자에게 끊임없이 물어야 한다. 그리고 요구하는 것을 교육해야 한다"라고 말했다.

한국농촌경제연구원의 한 보고서는 농촌 지역에서는 여성 스스로가 전문적인 식견, 의견 개진 능력의 부족을 느껴 의사 표시에 소극적인 경우도 많고, 여성은 능력이 부족하다는 편견으로 인해 의견이 무시되는 분위기가 있다며, 지역사회·공동체의 연대와 여성의 주체적 참여 보장이 중요하다고 강조했다. 제도적 보완도 필요하지만 공동경영주 권한과 자격요건에 대한 사회적 합의, 농협 임원의 여성 비중 확대 등의 필요성도 언급됐다.[9]

임금노동과 가족농에서 여성의 일에 대한 저평가는 가사노동에 대한 저평가 혹은 무임금화와 관련이 깊다. 여성이 주로 담당하는 가사노동은 흔히 '노동'이 아닌 '일상생활'로 분류되고, 시골에서는 남성이 주로 수행하는 농기계를 다루는 노동의 값을 당연히 더 높게 친다. 자연스레 성별임금격차가 고정된다. 마을 급식 도우미나 지역아동센터 식사 도우미로 일하다 '집안일'하는 사람으로 함부로 대해져 마음을 다치고 그만뒀다는 이야기도 들었다.

  시골에서 가족농으로 묻혀 있는 여성노동의 의미와 가치화, 그에 대한 대가의 지불이 중요한 이유는 그것이 가족 내 여성의 지위와도 관련되기 때문이다. 자산화되지 못하는 노동을 하는 사람은 다른 가족에게 휘둘리거나 눈치를 볼 수밖에 없게 된다. 시골 여성의 가난과 가사노동, 임금노동을 이야기해야 하는 이유다.

---

9 임소영·김남훈·박대식·하인혜, 《농촌 지역사회에서 여성농업인 지위와 정책 과제》, 한국농촌경제연구원, 2021.

3. 진안군 청년과의 대화: 가난과 희망 없음에 대하여

삶의 문제가 정치고, 정책과 행정이 그 실현이다

"바비큐 파티는 취소됐어요."

얼마간 일했던 진안군에 있는 한 잡지사는 카페 공간을 사무실로 겸용하고 있었는데, 그 카페에서 자주 보던 진안군 청년 몇몇이 있었다. 그들은 거의 매일 만나 돈 벌 궁리를 하고 이런저런 공모를 준비하거나 보드게임 등을 하며 어울려 놀았다. 이들이 주말에 바비큐 파티를 계획하고 있다고 들었던 터라, 가벼운 마음으로 물었는데 파티가 취소됐다는 거였다. 이유를 물었더니 돌아오는 대답은 가볍지 않았다.

"통장에 15,000원 있더라구요."

그 말과 함께, 순간, 나의 20대가, 불려 왔다. 나는 동네 슈퍼 매대 앞에서 망설이고 있었다. 가게 주인이 틀어놓은 텔레비전에서는 한국의 1인당 국민소득이 9,000달러를 넘었다는 뉴스가 흘러나오고 있었다. 그때의 감정도 떠올랐다. 라면과 1킬로그램 쌀 한 봉지, 생리대 중 하나를 선택해야만 했던 순간, 내가 얼마나 쪼그라들었는지.

삶의 문제는 곧 정치다. 정치가 삶을 얼마나 이해하느냐에 따라 정책과 행정의 효과가 발휘된다. 그러니 삶에 문제가 있다는 것은 곧 정치의 실종이고 정책과 행정의 무능이다. 생각을 이어가다 문득 진안군은 청년들의 가난과 삶을 얼마나 이해하고 있을까 궁금해졌다.

정보공개청구를 통해 진안군 청년정책의 내용과 규모를 모두 받았다. 진안군에는 총 62개의 청년 사업이 있었고, 나는 이 자료를 제공된 기준에 따라 주거/일자리/농업/기반/경제/출산/교육 영역으로 정리해봤다(〈표2〉).

청년정책으로 분류해 제공된 자료에는 사업 대상이 청년이 아니거나 진안군 청년을 위한 사업이 아닌 것도 포함되어 있다. 지원사업의 대상인 청년의

<표2> 진안군 청년정책

구분	사업명	지원 규모및 대상	담당 부서
주거	전입장려금	1,000명×2회	기획홍보실
	체재형 가족농원 운영		농촌지원과
	귀농귀촌 게스트하우스 운영		농촌활력과
	농촌에서 살아보기		
	청년 주거비용 지원	월 15만 원씩 1년간 최대180만 원 (생애 1회)	
	국토부 청년월세 한시 특별지원	22명	
	희망하우스 빈집재생사업		민원봉사과
	농촌주택개량사업	75개소	
	아토피 학생 주거비 지원	5명	보건소
일자리	전북형 청년취업 지원	5명	농촌활력과
	내일채움공제 지원	청년공제 가입한 중소기업에 정규직으로 취업한 청년	
	지역주도형 청년일자리사업	16명	
	청년혁신가 예비창업 지원	3명	
	사회적경제 기업 청년혁신가 지원	2명	
	청년나래이음플러스 일자리 지원	21년~23년 누적 5명	
	진안 내일창업 아카데미	상하반기 각 10명씩	
	진안군 일자리센터	1개소	
	청년창업지원	8명	

농업	전북형 청년창업농 영농정착지원	5명	농업정책과
	청년 창업농 영농기반 임차지원	7명	
	청년 희망스마트팜 확산 사업	2개소	
	청년 농업인 영농정착지원	20명	
	청년 농업인 영농정착지원(자체)	16명	
	청년 농업인 생생동아리 지원	4개소	
	청년 창업농 정책자금 이차보전	7명	농촌지원과
	신규 농업인(귀농귀촌) 현장실습 교육	8개팀 30명	
	영농 정착기술 교육	1개소	
	신기술 접목 차세대 영농인 육성 지원	3개소	
	젊은 농업인 인재양성 시범 영농	1식	
	청년농업인 경영진단 분석 컨설팅	35명	
	진안환경농업대학	1개소	
	청년 농업인 경쟁력 제고		
	귀농귀촌 창업 및 주택구입 지원		농촌활력과
	귀농귀촌 창업보육학교 운영		
기반	청년 공간 운영	1개소	농촌활력과
	청년 행사 추진		
	전북 청년 지역 정착 지원	24명	
	전북형 청년활력수당	30명	
	청년 멘토 육성 및 네트워킹 추진 사업	1명	
	청년협의체 활성화	1명	
	진안 청년 참여 지원		

분류	사업명	인원	부서
경제	전북청년 함께 두배적금	10명	농촌활력과
	군복무 청년 상해보험 가입 지원	119명	
	청년희망키움통장	2명	사회복지과
	청년저축계좌	2명	
	청년내일저축계좌	92명	
	결혼장려금	신규 30명 2년 차 30명 3년 차 20명	기획홍보실
출산	임신축하금	120명	보건소
	출산장려금	190명	
	난임부부 지원사업	20명	
	산모 신생아 도우미 지원	100명	
	산모 신생아 건강관리 지원	70명	
	출산취약지역 임산부 이송 지원	100명	
	임산부 등 영양관리 사업	240명	
	기저귀 및 조제분유 지원	56명	
	고위험 임산부 의료비 지원	10명	
	표준모자보건수첩 지원		
교육	천년배움 1인 1자격증	관내 주민 누구나	행정지원과
	관외 고등학생 학자금 지원	10명	
	진안사랑장학재단 장학생 선발		
	대학생 학자금 대출이자 지원	이자 지원	
	대학생 생활안정비 지원	350명	

기준(나이)도 달랐다. 사업 내용을 들여다보면, 청년의 종합적인 삶에는 큰 관심이 없어 보인다. 대개 일자리와 관련된 사업이 많고, 경제 분야 지원사업은 모두 저축에 치우쳐 있다. 청년의 문화생활은 고려되지 않는다. 책을 읽고, 영화를 보고, 커피나 음료를 마시며 친구들과 이야기하는 시간이 얼마나 소중한지 모르는 걸까? 무엇보다 진안군 청년정책을 총괄하는 담당 부서조차 없다.

전라북도는 제1차 전라북도 청년정책 기본계획(2017~2022)을 통해 전국에서 가장 먼저 '청년정책'을 도입했는데, 해당 조례 제5조에 따르면 청년정책에 관한 기본계획을 5년마다 수립·시행한다.[10] 그리고 이 기본계획에는 청년정책 기본 방향과 추진 목표, 주요 사항(모든 분야에서 참여 확대, 능력 개발, 고용 촉진과 일자리 질 향상, 창업 지원, 주거 안정 및 수준 향상, 복지 증진, 금융 생활 지원, 실태조사, 권리보호와 증진)을 담고 있어야 하고, 이를 추진하기 위한 재원 조달 방안과 지원 체계, 민·관 협력 체계 구성 및 운영 방안 등을 마련할 것을 명시하고 있다.

또한 중앙정부의 청년기본법에 명시된 청년정책 기본계획에 근거해 제2차 전라북도 청년정책

---

10 현행 전북특별자치도 청년 기본 조례(2024. 5. 3. 일부개정).

기본계획(2023~2027)을 세워야 한다.

시골 청년의 삶을 인정하고 지지하는 정치, 정책, 행정은 어디에?

이 정책들이 진안군 청년들에게 얼마나 가닿고 있을까? 진안군 청년 네 명에게 진안군이 제공한 원본 자료를 보여주고 다음 세 가지 질문을 던졌다. 바비큐 파티를 기획했던 바로 그 청년들이다.

① 접근성: 군의 청년정책을 얼마나(대략의 퍼센트로) 알고 있었는지?
② 효율성: 도움이 된 정책은? 지원받은 정책이 있었나? 얼마나 도움이 되었나?
③ 요구: 어떤 정책이 필요한가?

접근성에 대한 질문에서 두 명은 "10~20퍼센트 정도만 알고 있었다"고 답했다. 혹시 진안군에서 청년들에게 정책집이나 자료를 별도로 제공한 적이 있는지도 물었다. 모두가 없었거나 모른다고 답했다. 다른 두 명은 평소 군 홈페이지에 자주 접속해서 어떤 정책이 있는지를 찾아본다고 답했다. 이들에게 어떤 지원을 받았는지 그 경험을 물었다.

"없어요."

"해당되는 게 없어요. 여기는 간단히 정리되어 있지만, 막상 자세히 알아보면 지원 요건이 너무 까다로워요."

"저는 행정 언어나 업무에 이해도가 높은 사람인데도 제출해야 할 서류가 너무 많아서 힘들었어요. 다른 데서는 요구받아본 적이 없는 엄청나게 많은 서류를 달라고 하더라고요. 이렇게까지 필요한가 싶은 그런 것들요."

"주거비 지원사업은 되게 어려웠고요. 일자리 지원 사업은 조건이 안 됐고요."

"진안에 일자리 자체가 없는데 중소기업에 다니는 사람한테 해당되는 일자리 지원사업이 말이 되냐구요."

"조례에 청년을 45세까지로 맞춰놨으면 다른 청년 지원사업도 연령대를 맞추고 부족한 자금은 군에서 채워줘야지. 그냥 명목만 45세 만들어놓으면 뭐 할 거야. 그런 걸 채우려고 조례를 만드는 거잖아요."

"공무원이 공문에 나와 있는 것만 읽어보고 그게 아니면 다 안 받아주는 거죠."

"농사짓는 청년들은 대부분 여기에 대농인 부모가 있어요."

"지원사업이 많다는 건 알겠어요. 그런데 지원사업이 정책은 아니잖아요."

인터뷰에 응한 청년들은 진안군의 청년 지원사업의 내용을 이렇게 요약했다. 진안군은 열심히 공부해서 중소기업 정도 규모 일자리에서 일하거나 빌린 돈으로 농사짓고, 결혼해서 아이를 낳고 저축하는 것이 청년의 삶이라고 생각하는 것 같다고.
　가난한 하청 노동자의 딸로 태어났지만, 생각하는 대로 살고 싶었던 나는 가난한 듣보잡 활동가였다. 나는 평생 가난하게 살았고, 나에 대한 사람들의 호의와 선의로 살아남았다. 사람들의 선의와 호의는 내 일에 대한 지지였고, 그 일이 가진 사회적 가치에 대한 인정이었다. 나는 정치가 청년들에 대한 호의와 선의였으면 좋겠고 지지와 인정이어야 한다고 믿는다.

"진안군 청년들은 소극적이고 의지도 없어서 힘들다." 이 말은 2023년 진안군 청년협의체 소속 청년들과 진안군 군수의 대화에서 군수가 한 말이다. 어떤 취지였든 당사자에 해당하는 사람들 앞에서 할 말은 아니다. 나는 군민들이 행정과 정책에 참여할 수 있도록 모든 방법으로 보장하는 것이 정치라고 생각한다. 그것을 막거나 제한하는 것이 독재고, 정치의 실종이다.

이들이 시골에서 살아야 할 이유가 있을까

청년들과 이야기를 이어갈수록 답답함이 쌓여갔다. 답답한 마음을 좀 풀어보고 싶어 설문에 응해준 청년들과 함께 청년의 삶의 조건을 생각해봤다. 먼저 생활비 비중을 따져봤다.

"주거비가 생활비의 70~80퍼센트를 차지하는 것 같아요."

"저는 주거비 30퍼센트, 차량 구입 대출비와 유류비가 30퍼센트, 식자재 구입비 30~40퍼센트 정도 되는 것 같아요. 생활비가 마이너스가 안 되도록 노력하고 있어요."

"문화생활을 위한 소비에도 돈이 들죠. 영화관을 가거나 책을 읽으려고 해도 돈이 필요해요. 비싸요. 영화는 이제 돈 있는 사람들의 취미 생활이에요."

"패셔니스타였는데 새 옷을 산 게 언제인지 기억이 안 나요."

"외식요? 식비도 아껴요."

"문화누리카드로 들어오는 (연) 11만 원(2023년 기준)으로 책도 사고 영화도 보는데, 그 외에는 안 써요. 못 써요."

"여기가 지방이니까 생활비가 덜 들어간다거나 그런 거 없어요. 오히려 도시보다 더 들어요."

"여기 땅값이나 집값이 왜 비싼지 이해할 수가 없어요. 사람이 점점 줄어드는 시골에서 도시처럼 집값이 오를 가능성도 없잖아요."

일자리 이야기도 나왔다. 진안군이 고향인 A는 일을 찾아 전주시로 나가 일을 구했는데, 일 때문에 전주시에서 진안군으로 출퇴근을 하게 됐다. 출퇴근에 들어가는 유류비만 월 50만 원이 넘었다. 결국 그는 진안에 있는 어머니 집으로 다시 돌아왔다. 계약 기간이 끝나고 다시 진안에서 일자리를 찾아야 했다. "그런데 여기 왔더니 일자리가 없어요." 지원사업을 가지고 이야기할 때 내내 말이 없었던 이가 툭 털어놓은 말이다. 청년 일자리는 대부분 저임금, 단기 기간제인데, 그나마도 귀하다.

　이야기의 결론은 이랬다. 일자리가 불안정해도, 고용이 안 되고 집과 차가 없어도 삶이 불안하지 않았으면 좋겠다. 부모의 기반이 약하거나 없어도 살아가는 데 어려움이 없었으면 좋겠다. 하고 싶은 일을 하면서도 불안하지 않은 삶을 살았으면 좋겠다. '기본소득'이 있어야 한다.

　그렇다면 왜 이들이 진안군에서 살아야 할까?

"진안군이 청년이 여기에 살기를 바라는지 의문이에요."

5부

'기여'는 어떻게 정치가 될 수 있을까?: 시골의 지역 행정 현실

1. 나의 기여는 돈도, 정치도 되지 못했다

　짐작할 수 있겠지만 '직접만들기로 생존하기'는 매우 어렵다. 자본주의 사회에서 돈 없이 사는 것은 불가능하기 때문이다. 그렇지만 나는 돈이 아니라 '의미'를 따르는 삶을 살고자 했고 지금도 그렇다. 그래서 여성/노동/인권 활동가가 되었고, 직접만들기 수업 강사가 됐다. 의뢰받을 때만, 주어지는 강사료만으로 살아간다는 뜻이다. 돈이 되는 일은 들쑥날쑥 안정적이지 않고, 강사료도 많지 않다.
　내가 의미 있다고 생각하는 일은 '돈이 안 되는 일'이었다. 그나마 '일'이 있을 때는 나은 편이다. 대부분 정부나 공공기관의 지원금 사업으로 진행되다 보니, 이르면 3월부터 늦어도 11월이면 모든 일정이 끝이 난다. 나는 매년 어떻게 하면 가장 돈이 많이 필요한 계절인 겨울을 잘 버틸 수 있을까 고민한다. 뭐, 고민한다고 별다른 방법이 있는 건 아니지만.

  때때로 지원사업에 활동가 인건비가 지원되고, 해당 일자리에서 일할 사람을 구하는 경우가 있다. 보통 3개월에서 길게는 10개월 정도 인건비가 지원된다. 지원금으로 운영되지만 안정적으로 지속가능성을 지향하는 곳도 있다. 지역아동센터, 일자리 지원센터, 마을만들기 지원센터, 공동체만들기 지원센터, 복합커뮤니티센터, 작은도서관 등이다. 하지만 인맥도, 자격증도 없이 경력만으로는 전담활동가가 될 수 없었고, 되고 싶지도 않았다. 아무튼 나는 출퇴근은 싫으니까. 그러니까 나에게까지 넘어오는 자리는 좋은 자리는 아니다.

  때때로 하고 싶은 일을 하기 위해 프로젝트 지원금을 신청하기도 하지만, 그런 프로젝트에서는 활동비가 지원되지 않는다. 그리고 그 모든 일에는 엄청난 서류가 필요하다. 산더미 같은 서류를 처리할 때마다 나는 내가 공무원들에게 하청받은 활동가들에게 임시 고용된 단기 알바처럼 느껴졌다. 프로젝트는 늘 지원금에 따라 진행되기 마련이라 활동을 위해 지원금을 신청하는 것인지, 지원금을 받기 위해 이 프로젝트를 하는 것인지 혼란스러워지기도 했다. 사업은 늘 공무원의 입맛에 맞게 적절히 다듬어졌고, 계속 같이하자는 약속도 처음 시작할 때 말뿐이었다.

사업 내용은 공모하는 주체의 입맛에 맞게 짜이기 마련이라 활동에 대한 상상력은 거기서 거기다. 프로젝트로 시작해 프로젝트로 끝나는 활동이 끝난 자리에는 건물만 남는다. 나도, 활동도 소모품이다. 어쩌면 '활동가'로 만나고 싶었던 사람들도, 내가 있었던 자리에 채워진 새로운 임시 프로젝트 사업 활동가도.

누구를 위한 활동인지, 무엇을 위한 활동인지에 대한 질문은 여전히 남았다. 나는 의미를 좇아 노동시장을 벗어나고자 했다. 하지만 노동의 위계는 임금노동시장뿐 아니라 '강사 선생님' 혹은 '활동가'라 불리지만 실은 정부와 공공기관의 호출 근로를 하거나 단기 프로젝트 '알바'를 하는 신세의 이들에게도 적용된다.

이것이 내가 활동가의 노동인권을 고민하게 된 이유였다. 강사료는 자격증과 경력에 따라, 행정 시스템을 등에 업은 담당 공무원의 의지에 따라 등급이 매겨진다. 강사료는 강의 시간에 대해서만 지급되고, 그 외 준비나 기획 과정에서의 수고, 교통비, 통신비 등은 무급이다. 활동가의 인건비 지급 여부도, 지급

기준도 프로젝트 기획 단계에서 행정이 정한 기준에 따른다. 행정은 요구하고 활동가는 그저 수용해야 하는 일방적인 관계다. 의견을 말하고 싶어도 전달할 방법이 없다. 그저 '개인적인 생각', '뒷이야기'나 '침묵해야 할 의견'이 될 뿐이다. 하지만 활동가는 체제 밖에서, 정치와 행정은 체제 안에서 사람들의 더 나은 삶을 위해 기여하는 것이 민주주의 사회의 모습이 아닌가.

  한편 관련자들이 수평적으로 상호작용할 수 있는 시스템을 만드는 것도 민주주의의 실천이다. 정부와 공공기관 사업에 기획 단계, 예산 편성, 평가 단계까지 활동가의 의견을 듣고 수렴하는 과정이 있어야 한다. 의견 수렴 과정에 참여하는 데 드는 비용도 지급해야 한다. 이 과정을 그저 형식으로 처리하는 데 그치지 않고 적극적으로 수용하려는 자세도 필요하다. 그래야 이미 만들어진 이데올로기에 의해 삭제되거나 간과된 존재가 목소리를 내고 삶을 보장받을 수 있다. 이를테면 활동가의 기여 노동처럼 삶을 지탱하지만 무급화된 노동들, 노동시장에서 저평가된 노동을 하는 노동자, 예술가, 장애인, 여성, 농민, 청년 등이 그들이다.

  그러나 한국 정치와 행정은 국민보다 자기 조직의 수장이 가진 의견에 따라 움직이는 데 익숙하다. 시골에서 군수는 제왕적 권력을 행사한다. 군수의 말

한마디에 이전에는 '절대 불가'였던 것이 '꼭 해야 하는 일'이 되기도 한다. 나는 선거철마다 국민의 권력을 '위임'할 사람을 뽑는 것이 아니라, 우리의 의견을 듣고 '반영'할 사람을 뽑아야 한다고 믿는다. 선거 이후에도 정치와 행정은 민의가 반영될 수 있는 체제로 정비되어야 한다. 매번 다음 선거를 기다릴 게 아니라.

2. 진안군의 출산율 자랑과 지역 의료

공허한 진안군의 출산율 자랑

2022년 진안군은 '합계출산율 1.56명으로 전국 3위, 전북 2위 달성'을 자랑하며 진안군이 출산정책에 효과를 보고 있다고 발표했다. 진안군청이 달성한 성과 중 하나라는 것이다.

과거 박근혜 정부 시절에 발표한 '대한민국 출산 지도'가 떠오르는 순간이었다.[1] 많은 여성이 "우리가 가축이냐!"라며 분노했던 기억이 생생하다. 아니나 다를까. 진안군에 사는 지인들에게 진안군청이 '출산율'을 자랑하더라고 했더니, "그런

---

1 2016년 12월 29일에 발표한 가임기(15~49세) 여성 분포도로, 일명 '가임기 여성 지도'라 불렸다.

건 가축들에게나 하는 것"이란 평들을 쏟아냈다. 그런데도 진안군은 자랑(!)을 했고, 일부 언론사들은 이를 그대로 받아쓰며 진안군의 출산정책이 성공하고 있다는 증거라고 호들갑을 떨어댔다.

그러나 합계출산율은 "한 여자가 가임기간(15~49세) 동안 낳을 것으로 예상되는 평균 출생아 수를 나타낸 지표로써 연령별 출산율의 총합"을 나타낸다. 이때 연령별 출산율이란 "해당 연령 여자 인구 1,000명당 출생아 수"를 의미한다. 따라서 가임기간으로 분류되는 여성의 수가 적을수록 통계치가 높게 나타날 수 있다. 즉, 인구가 적은 시골에서는 합계출산율이 높게 나타날 수 있다는 말이다. 이는 인구 1,000명당 태어난 출생아 수를 나타내는 출생율과는 다르며, 합계출산율은 출산정책이 아니어도 높을 수 있다.

또 다른 의미에서도 진안군의 출산율 자랑은 공허한데, 대부분의 시골이 그렇듯 진안군도 인구감소지역이기 때문이다.[2] 통계에 따르면 도시보다 시골에서 더 많은 아이가 태어나지만,[3] 마을에서 아이들을 만나기 힘들고 점차 학교도 통폐합되어 사라지고

---

[2] 행정안전부는 인구소멸에 대응하겠다며 2021년부터 인구감소지역을 지정해 발표하고 있다. https://www.mois.go.kr/frt/sub/a06/b06/populationDecline/screen.do

[3] 통계청, 〈2022년 출생통계〉(보도자료), 2023년 8월 29일 배포.

있다. 진안군만의 문제는 아니다. 한국 전체 인구의 50.6퍼센트가 수도권에서 산다.[4] 사람들은 시골에서 태어나 도시로 살러 나간다. 도시는 사람으로 넘쳐나고 지방 인구는 '감소' 수준을 넘어 '소멸'이라는 말까지 나오는 정도다. 이런 상황에서 진안군의 출산율 자랑이 무슨 의미란 말인가.[5] 합계출산율이 아니라, 사람들이 시골을 떠난다는 데 주목해야 한다. 떠나는 이유를 물어보면 대답은 비슷했다. 시골살이가 불편하고 답답하고 살기 힘들다는 것이다. 교통과 의료, 일자리, 주거, 교육 문제 등 구체적인 이유는 다양했다.

　　아무튼 짐작해보면 진안군은 출산율을 자랑함으로써 '아이를 낳고, 키우고, 살기에 좋은 곳'이라는 이미지를 내세우고 싶은 것 같다. 그래서 과연 그런지 한번 알아보기로 했다. 내가 만난 진안군 거주 지인들은 시골에서 아이를 낳고, 키우고, 정착하기 힘든 현실을 지적했다. 시골에서 태어난 청년들이 일자리를 찾아 도시로 떠나고, 아이들 교육을 걱정하는 부모들이 도시로 떠나고 있다는 것이다. 그리고 지역 의료 문제도 있다.

4　　통계청, '지역별 인구 및 인구밀도'(e-나라지표), 2023년 기준, https://www.index.go.kr/unity/potal/main/EachDtlPageDetail.do?idx_cd=1007.
5　　MBC, "우리가 아이를 낳지 않는 이유", 〈PD수첩〉 1362회; 차미숙, 〈[기획1] 지방소멸, 왜 문제인가? 어떻게 대응해야 하나?〉, 《복지동향》 제304호, 2024 참조.

"진안군에서는 아이 못 낳아요"

진안읍에 살면서 어린이집에 다니는 두 딸이 있는 한 부부와 이야기를 나눴다. 그들은 진안군의료원에서는 출산할 수 없다는 이야기를 들었다. 진안군의료원 산부인과는 주로 폐경, 갱년기 증상을 다룬다고 했다. 출산 전까지 검진은 할 수 있지만 아이는 낳을 수 없다고. 그런데 정기검진한 산부인과에서 아이를 출산해야 혹시 모를 문제에 대처할 수 있으니 멀어도 전주나 대전으로 나가라는 조언을 들었다.

"처음에는 여기(진안군의료원)로 갔어요. 저희가 처음에 임신을 알게 된 것도 진안군의료원 응급실 가서 알게 된 거였거든요."

그래서 진안군의료원에 있는 산부인과를 찾았다고 한다. 그런데 처음과 두 번째 진료 내용이 달랐다.

"처음에는 '임신 몇 주다' 그러더니 다음에 갔을 때는 지난번에 얘기했을 때하고 또 달라진 거예요. 그래서 '우리가 여기를 신뢰해도 되나'라는 생각이 있었는데. 그리고 여기서는 출산을 할 수가 없고 진료만 할 수 있다고 하더라구요. 어쨌든 그럼 우리는 여기서는 진료만 받고 다른 데 가서 출산을 해야 되나…… (그런데) 다 연계된 거잖아요. 그래서 조리원까지 들어갈 수 있는 곳으로 알아봐서 진료하는 곳을 찾아가게 된 거죠."

임신과 출산은 축복이기도 하지만 여성에게 부담인 것도 사실이다. 임신 기간인 10개월 동안 무슨 일이 생길지 알 수 없다. 의학이 발달한 요즘 아이 낳다가 무슨 일이 생기겠냐고들 하지만 통계청 집계 기준 2009년부터 2018년까지 10년간 임신 또는 분만과 관련해 사망한 모성 사망자 수는 연평균 49.8명이었다. 산부인과가 멀리 떨어져 있는 지방의 경우 특히 산모의 출산은 위험 부담이 크다.

"제가 고위험군 산모였거든요. 제 혈액형이 희귀해서요. 전주 산부인과에서도 만약에 수술을 할 때, 아이를 낳을 때 큰 병원 가야 될 수도 있다는 안내를 받았었어요. 뭐, 결과적으로 큰일은 없었지만요."

"그렇죠. 그런 위기감은 분명히 있었죠. 한 시간 거린데 신랑이 집에 없고 전화를 아무도 안 받으면 어떡하지? 119를 불러서, 경찰에 전화해서

뭐라 해야 되나 이런 것들에 대해서도 이제 쭉 써서 준비했어요. 준비하고 나오는 사이에 나는 구급차를 불러서 얼른 다 해야겠다. 뭐 이런 것들에 대해서 생각도 하고."

다시 진안군의 '출산'정책에 대해

그에게 진안군의 '자랑'을 어떻게 생각하는지 물었다.

"자랑할 게 아니고 '고맙습니다' 그래야 되는 거 아니에요?! '고생하셨습니다.' 왜 그걸 자랑해요?!"

"진안군에서 아이를 낳음으로써 리스크는 우리가 감당했지 진안군이 뭘 지원했는지 저는 솔직히 잘 모르겠어요."

"정책은 전국적으로 시행하는 것밖에 없어요. 지자체 정책은 없어요. 그나마 실효성은 떨어지고. 첫째와 둘째 낳으면서 도움이 됐다고 느낀 게 없어요."

"산후도우미 관련된 것 때문에 걱정이 많았어요.

보건 담당자랑도 한 달간 싸웠어요. 그러더니 전라북도에서 내려오는 사업을 우리가 어떻게 하면 받을 수 있는지 알려줬어요. 그래서 (산후도우미를 연결해 주는 곳에) 전화를 다 했어요. 한 스무 군데인가 서른 군데 정도쯤 되는 것 같더라고요. 산후도우미 지원해주는 곳은 다 전주에 있어요. 거기다 전화를 다 했는데 하나같이 진안은 너무 멀어서 해줄 수가 없다 그래요. (산모가 있는 진안군 ○○면까지 와 준다는 곳이) 딱 두 군데 있더라고요."

그런데 그조차 확답은 없었다고 했다. 진안으로 산후도우미로 와주실 분이 1~2명이 있는데 일정이 가능한지 모르겠다는 답을 들었다. 그나마 일정이 맞아도 이동 거리를 뺀 시간 동안만 도움을 받을 수 있다고 했다. 더군다나 자부담까지 있었다. 그는 진안군 사업 담당자가 진안으로 산후도우미를 와줄 사람이 있는지, 얼마나 있는지도 확인하지 않고 명단만 넘긴 것이 아직도 분통이 터진다고 했다.

"고위험군 산모 관련 지원이 있었거든요. 증빙서류를 떼 오면 2만 원 지원해주는. 그런데 그 서류 떼는 데 2만 원이에요. 그나마 담당자가 고위험군 산모 기준을 제대로 파악도 못하더라구요."

진안군 홈페이지에서 찾은 '모자보건사업'은 모두 돈을 지원하는 사업들이었는데, 출산과 육아에 실제로 얼마나 도움이 될지 의문스러웠다. 아이들 양육에 돈이 필요한 것도 사실이지만 아이를 꼭 돈으로만 키우는 것은 아니니 말이다. 얼마 전 버스 터미널에서 어르신들이 나누는 '요즘 젊은 것들' 이야기를 들었다. 공개된 장소에서 거침없이 들려온 소리 중 한마디가 내 귀에 꽂혔다. "애 낳게 하느라 1,000만 원 걸었어." 마치 돈이면 아이를 낳는 문제가 다 해결될 것처럼 이야기되는 것이 꼭 저출산 정책과 닮아 있었다.

인터뷰를 하며 이 부부에게 아이를 키우면서 꼭 필요한 것이 무엇이지 물었더니, 이런 답이 돌아왔다. "아이들이 안전하게 자라는 것이 중요해요. 특히 아이들이 안전하게 놀 수 있는 곳이요." 나는 거기에 더해 '돌봄'이 있었으면 좋겠다고 생각했다. 서로를 존중하는 돌봄을 고민하고, 주양육자인 부모가 쉬고 싶을 때, 뭔가 다른 일을 해야 할 때 아이들을 돌볼 수 있는 체계가 갖추어졌으면 좋겠다고. 아이 한 명을 마을이 키운다면, 지금 진안군에서는 몇 명의 아이들이 자랄 수 있을까?

3.

**군수는
청년정책이 아니라
청년이 문제라고
말했다**

2023년 7월 25일 오전 10시 군청 상황실에서는 진안군 청년정책 기본계획 수립을 위한 용역 중간보고회가 있었다. 마침 진안군 청년정책에 대한 기사를 쓴 직후라 관심이 있어 참관했다. 그러나 보고회는 용역 결과와 당사자들의 의견을 귀담아듣고 앞으로 어떻게 정책에 반영할 것인지를 논의하는 자리로 마무리되지 못했다. 부군수는 용역 회사 대표에게 청년정책을 내놓으라고 했고, 군수는 '청년정책은 답이 없으니 청년들이 불평불만과 요구로 스스로 바꾸라'는 훈계로 당사자들을 모욕하며 끝났기 때문이다.

보고회는 5분 늦게 시작됐다. 군수가 5분 지각했고

사과는 없었다. 청년정책을 마련하기 위해 당사자와 용역의 의견을 듣겠다는 자리에 군수가 인사말을 시작했다. 용역 보고서를 미리 공유했다고 하는데 군수의 말에는 보고서를 검토하고 고민한 흔적이 보이지 않았다.

내가 읽어본 보고서는 의미도 있고 꼼꼼했다. 심층 인터뷰를 거쳐 지역 현황과 진안군 청년정책, 청년 실태조사 결과를 분석한 내용이었다. 보고회에서 발표에 나선 용역 회사 대표는 청년들이 얼마나 실태조사와 심층 인터뷰에 적극적으로 임했는지도 강조했다. "이 자리에 계신 여러분들의 도움으로 설문조사를 해 청년 현황 분석을 했습니다. 진안의 특성을 반영한 청년정책을 만들고 싶었기 때문입니다."

이번에 만드는 청년정책은 2024년부터 2028년까지 적용된다. 조사 내용을 간략히 요약해보면 이렇다. 진안군 청년들은 취업 준비금으로 최소 250만 원 정도 든다. 이는 도시에서는 발견할 수 없는 특징이다. 짐작하겠지만 이동권 때문이다. 불편한 대중교통을 대신할 차량 구입비다. 취업을 위해 낡은 중고차라도 구입해야 한다. 또한 실태조사 결과에 따르면 진안군 청년은 가장 먼저 내 집 마련을, 그다음엔 출산과 결혼, 안정된 일자리, 연애, 학업, 대인관계를 포기한다고 대답했다. 청년들이 즐길

스포츠나 축제도 없다. 대중교통이 불편해 이동권 보장이 되지 않고, 비싼 주거비로 고통받고 있다. 청년들은 고수입의 프리랜서 일자리를 선호하고, 육아를 위한 의료기관이 절실한데, 이에 비해 진안의 정책은 농업과 출산에만 치우쳐 있다.[6]

이에 보고 내용은 지역 내 청년 활동을 지원하고 외지 청년의 유입을 유도하겠다는 방향을 기본 구상으로 잡았다. 이때 나는 군수가 어떤 표정으로 이 발표를 듣고 있는지 궁금한 마음에 군수를 슬쩍 보다가 믿고 싶지 않은 장면을 보고야 말았다! 군수는 하품을 하고 있었다.

발표가 끝난 후 당사자인 청년들의 의견이 이어졌다. A씨는 아이가 태어나면 전수조사를 통해 아이를 키우는 데 실질적인 정책을 지원하는 일본의 육아 마을 사례를 언급했다. 연간 100여 명의 아이가 출생하는 진안에서도 가능하지 않겠냐는 것이다. 진안의 현실은 아이가 아파도 제대로 치료를 기대할 수 없어서 전주로 나가야 하는 사례가 빈번하다. 또한 그는 가까운 '무주산골영화제' 사례를 이야기하며

---

6   한편, 나는 이 조사 내용에서 고민되는 지점을 발견했다. 설문에 응답한 진안군 청년들은 진안군은 '성차별, 외모 차별, 학벌 차별이 없다'고 답했다. 이 설문 결과를 어떻게 해석할 것인가는 중요하다. 더군다나 정책 입안자들 앞이다. 자칫 차별에 대한 정책 마련을 외면할 근거로 제시될 수도 있다. 내 생각에 차별이 없는 곳은 없다. 만약 그렇다고 느낀다면 차별이 너무 일상이라 자각할 수 없을 정도라는 의미일 수 있다.

진안에서도 캠핑 축제처럼 청년들이 모여서 즐길 수 있는 축제를 제안했다. 배차 시간 때문에 희생되는 청소년의 놀이문화권에 대해서도 언급했다. 그러면서 "사실 이런 문제들은 10년 전에도 말하고 있었고, 3년 전에도 했던 얘기인데 왜 현실화되지 못하는가?"라며 안타까움을 드러냈다.

부군수는 "큰 담론도 좋은데 사실은 청년들이 지역에서 활동하고 생활하는 데 도움이 되는 것들을 분야별로 좀 많이 안을 좀 만들어"야 했다며 용역 중간보고의 내용이 미흡하다고 지적했다. 이에 대해 용역 대표는 중간보고회는 보통 최종보고회 몇 주 전에 최종검토를 위해 하는 경우가 많은데 이번에는 청년정책의 실효성을 위해 용역 사업의 중간 단계에서 중간보고회를 하고 이를 바탕으로 구체적인 내용을 세우려는 것이라고 답했다. 사실 용역은 용역일 뿐, 정책은 군에서 공무원들이 만들어야 한다. 또 진안군 청년협의체 대표는 "진안군의 지원사업은 중앙정부나 전북의 정책을 받아 수행하는 경우가 많다며 농촌인 진안군에 맞는 진안군만의 청년정책이 필요"함을 강조했다.

그런데 진안군 청년들의 실태조사 결과와 용역 회사 대표의 진정성 있는 향후 과제 제시에도 불구하고 군수는 끝내 이에 대해 한마디도 없었다. 그럼에도 보고회 끝에 '한 말씀' 하시라는 진행자의 말에 나온 군수의 첫마디는 "청년 문제는 어렵다"는 것이었고, 그는 "청년 문제를 해결할 자신이 없다"고 여러 번 강조했다. 그리고 청년위원들이 앉아 있는 방향을 바라보며 훈계 말씀(!)을 하기 시작했다.

> "자신이 없어요. 모든 것을 완벽하게 할 수는 없고 대신, 네, 나는 그래요. 청년들한테 이런 말씀을 드리고 싶어요. 행동을 해라, 표출을 해라, 내 생각을 담아두지 말고 항의도 하고, 끌려다니지 말고. 이제 여러분들이 어떻게 보면 가장 중요한 세대예요. 그잖아요. 그러면 여러분이 나는 이제는 행동으로 보여줘야 되지 않나 싶어요. …… 여러분들만의 진안이 아니잖아요. 여러분들이 나중에 장년도 되고 어르신도 되고. 그리고 여러분의 행동으로 하세요. 행동으로 보여주시고 행동으로 요구를 하시면……"

아니, 지금까지 용역 회사와 청년들이 하는 얘기를 어디로 들었는지! 사실 이 자리는 용역 회사의 실태조사 결과와 청년위원들의 이야기를 경청하고 "앞으로 정책에 잘 반영하도록 노력하겠다"고 말하면 되는, 정답이 있는 자리였다. 군수의 이 말들은 그조차도 못하겠다는 발뺌이자 핑계로밖에 들리지 않았다. 더불어 당사자에게 책임 떠넘기기까지. 이 상황을 전해 들은 진안군의 한 청년은 "진안군 청년들이 왜 이렇게 사는지 알겠다", "진안군에 정치가 실종됐다"라며 탄식했다.

그 후의 이야기

결국 중간보고서는 채택되지 않았다고 했다. "할 수 있는 정책을 내라"는 말과 함께. "할 수 있는 정책"이란 공무원이 당장 성과로 낼 수 있는 것을 의미한다. 시골 지자체에서 군수는 제왕적 힘을 갖는다. 군수에게 '의지만 있어도' 공무원은 신속하게 효과적으로 능력을 발휘한다. 그 말은 군수가 의지가 없으면 할 수 있는 일도 못 하게 된다는 말이다. 군수는 왜 의지가 없을까? 의지가 없는 사람이 왜 군수가 되었으며, 그는 어떻게 군수가 될 수 있었을까? 궁금함이 끊이지 않았다. 제왕적 권력이 일할 의지가 없을 때 그 자리에 남은 공무원들은 일사불란하게 무능해졌고, 행정은 안이해졌다.

4. 기본적이지 않은 농민수당

복지급여냐, 농민수당이냐

"가난한 사람은 계속 가난하라는 거야, 뭐야!" 그는 분통을 터트렸다. 기초생활수급자인 그는 농민수당을 받을 부푼 마음을 안고 행정복지센터를 방문했다. 하지만 그는, 농민수당을 포기하거나 복지급여에서 농민수당만큼을 차감해야 한다는 말을 듣고 발길을 돌려야 했다. 기초생활수급자가 농민수당을 받으면 수급자 대상에서 탈락할 수 있어 농민수당을 포기하는 것이다.

현재 전북 농민 공익수당은 신청 연도 1월 1일을 기준으로 2년 이상 도내에 주소를 두고, 농업경영체 등록을 유지하며, 1,000제곱미터 이상의 농지를 경작하는 농가를 대상으로 연 60만 원을 지급한다. 농민수당은 최소한의 조건에 해당하는 농민 모두에게 지급된다는 점에서 '기본소득'으로 볼 수 있다. 또한 농민은 시장가치로 환산되지 않는 공익적 가치를 창출하기 때문에 국가와 사회가 보상해야 한다는 의미도 있다. 그리고 기초생활수급자 지원은 일정 기준 이하의 수입을 올리는 가구에 생활비(30%)를 비롯해 교육(50%) 및 주거(46%), 의료(40%) 비용을 국가가 지급하는 제도다.

무슨 일인지 전라북도와 전북 내 각 지자체에 물었다. 전라북도의 답변은 이랬다. "기초생활수급자에 대한 제외 요건은 없습니다." 다만, 기초생활수급자일 경우 농민수당을 받으면 소득인정액으로 포함돼 기초생활생계비 등 복지급여 지원 금액이 감액되거나 대상에서 탈락할 수 있다는 안내 후 수령자가 신청 여부를 결정하게 한다는 것이다. 무주군 농민수당 담당자와 사회복지과 통합조사과도 같은 답변이었다. 그래도 구제할 방법을 찾아봐야 하는 것 아니냐고 묻자, 군 담당자는 "본인이 희망하시면 농민수당을 다 지급하고는 있다"라며 지금으로서는 사전에 안내하고 본인이 결정할 수밖에 없음을 강조했다.

농민수당이 본래의 취지대로 자리 잡기 위해 갈 길이 멀게 느껴진다. 심지어 이런 경우에 대한 통계조차 없었다. 전라북도는 "기초생활수급자인 신청자가 농민 공익수당을 신청하지 않는 경우 인원수를 파악할 수 없어 조사된 사항이 없다"라고 답변해왔다. 무주군은 그래도 상황이 좀 나았다. 상황상 정확하긴 어렵지만 파악할 수 있는 만큼 수기로 데이터 관리를 하고 있다는 답변을 받았다.

농민수당 vs 공익직불제 vs 기본소득

농민에게 현금으로 주어지는 수당으로는 농민수당 외에도 공익직불제가 있다. 공익직불제의 대상은 농업법인이거나 농업경영체 등록이 된 농업인이어야 한다. 그리고 신청 연도 직전 3년 중 1년 이상 지급 대상(신청) 농지를 1,000제곱미터 이상(농업법인 5헥타르 이상) 경작하거나 연간 농산물 판매액이 120만 원 이상(농업법인 4,500만 원 이상)이어야 한다. 이 조건을 충족하면 '일단' 공익직불제를 신청할 수 있다.[7]

농민수당은 지자체 자금으로 지역상품권 60만 원을, 공익직불금은 중앙정부 자금으로 연말에 현금으로 130만 원을 주기 때문에 꽤 유용하다. 그러나 공익직불금은 조건이 복잡하고 까다롭다.

---

7   농림축산식품부 홈페이지, "공익직불제란?", https://www.mafra.go.kr/gong/2593/subview.do 참조.

공익직불제의 내용을 검색해서 확인해보면, 적용 대상과 조건을 어찌나 길게 설명하는지 머리가 아플 지경이다. 논이나 밭으로 사용된 농지의 기간이나 소유주 문제도 걸려 있고,[8] 어떤 작물을 키우는지에 따라서도 적용 대상인지 아닌지가 결정된다.

  공익직불금 제도가 복잡해진 건 2022년 4월, 농지법이 개정되면서 농지원부를 농지대장으로 바꾸면서 생긴 문제다. 둘 다 행정에서 농지 소유나 이용 실태를 파악하기 위한 장부라는 점에서는 같지만 농지대장은 시스템 관리의 편리성을 위해 사람이 아니라 필지(땅) 중심으로 정보를 등록하도록 한 것이다. 이는 임차농이 농업경영체에 등록하지 못했고 임대차 계약서를 작성하지 못한 상태일 때 임차농을 제도의 사각지대에 놓이게 한다.

  시골에서 내가 만난 농민들은 "시골에서 자기 땅을 가지고 농사를 시작하는 경우는 많지 않다"라고 했다. 땅 소유주가 외지인인 경우도 많다. 선주민이 사망하고 상속받은 소유자가 불분명하거나 연락 두절인 경우도 있다. 따로 계약서를 작성하지 않고 농지를 임대하는 관습도 여전하다. 요즘은 기획부동산이 들어와 농지를 나눠 여러 명에게 판매하기도 한다. 공익직불금을 노린

---

8 장수지, 〈공익직불금 지급 근거, '농지대장'에 농민들 속 탄다〉, 《한국농정》, 2024년 4월 12일, https://www.ikpnews.net/news/articleView.html?idxno=63498.

짓이다. 그렇게 시골 관습에 따라 임대차 계약서 없이 농사를 짓다가 땅이 팔린 후 땅 주인이 임차농에게 통보만 하더라도 구제받을 방법이 없다. 이런 문제를 해결하려고 공익직불금의 조건과 기준이 복잡해졌다. 그러나 제도가 복잡하고 까다로울수록 사각지대가 나오기 마련이다. 지주인 비농민이 농업경영체에 등록해 실제 농사를 짓는 농민이 공익직불금을 받지 못하는 상황은 계속되고 있다.[9]

개인에게, 직접적으로, 중복됨 없이, 조건 없이

마당에 내가 먹을 작물을 키우고, 때때로 일거리를 찾아 돈을 벌어 생활하는 나는 저 가운데 어떤 지원금의 대상도 아니다. 증명할 수 없기도 하지만, 기준에 미달하기 때문이다. 시골에서는 300평 미만에서 짓는 농사는 농사가 아니다. 농업인을 위한 지원금 제도는 농사의 규모도, 돈이 되는 작물도 결정한다. 판매를 통한 수입이 발생하는 농사여야만 농사로 인정한다. 게다가 땅은 소유주가 있고, 자산가치가 있어야 한다는 사회의 편견을 그대로 반영한다. 지원금 제도는 내가 사회 기준에

---

9   최설화, 〈공익직불제 사각지대에 놓인 농민들…제도 개선 시급〉, 《한국농정》, 2024년 6월 6일, https://www.ikpnews.net/news/articleView. html?idxno=64043 참조.

미달하는 인간이라는 걸 일깨우고, 제도에 순응하라고 윽박지른다.

조건을 단 지원금 제도는 언제나 제외되는 사람을 만든다. 나는 농민수당이나 공익직불금이 농업경영인으로 등록하지 않아도, 가족농 중 한 사람이어도, 농지 면적이 적어도, 조건 없이 개개인 모두에게 일괄 지급되어야 한다는 의견에 동의한다. 개개인은 각자 자신의 가치를 존중받아야 한다. 한 지인은 300평 규모를 겨우 맞추고 농민수당과 공익직불금을 받고 있지만, 예전에 10평 텃밭을 했던 시절이 더 좋았다고 말했다. 300평은 솔직히 버겁다는 것이다. 지원금을 받기 위해 규모를 키우고, 키운 규모를 감당하기 위해 지원금이 필요한 이상한 악순환이라고 했다.

코로나19 재난 시기에 우리는 기본소득을 경험했다. 나는 자격을 증명하지 않고 받을 수 있었던 돈으로 살아갈 수 있었다. 그때 나는 조건 없는 복지가 제도적으로 불가능한 것이 아니라, 불가능하다고 믿었을 뿐이라는 것을 눈치챘다. 나 말고도 많은 사람이 그렇지 않았을까. 복잡하게 흩어져 있는, 각종 조건을 단 지원금 제도를 개편하자. 개인에게, 직접적으로, 중복됨 없이, 조건 없이 지급되는 기본소득으로 전환해야 한다.

5. 은행에서
대출받게 해주는 것도
지원입니까?

농업인 월급제?

　봄이 오면 농사짓는 사람들은 바쁘다. 해야 할 일이 많기 때문이다. 자본주의 사회에서는 농사짓기에도 돈이 든다. 전업 농부는 주식 투자자나 기업인처럼 땅에 돈을 투자하고 가을에 거둬들인다. 투자가 그렇듯 농사도 그해에 벌어들이는 수익은 정확히 예측할 수 없다. 그렇지만 매년 봄이면 돈이 필요하다. 그래서였다. 나는 '농업인 월급제'라는 제도를 접하고는, 당시 일하고 있던 매체에 오랜만에 훈훈한 기사를 쓸 수 있을 것이라고 기대했다.
　농업인 월급제란 농민이 지역 농협과 농산물 출하를 약정하고, 지역 농협은 농산물의 수매 이전에 수매 대금을 월 단위로 선지급하는 제도다. 지자체(시·군)는 조례를 제정하고 지역 농협과 업무 협약을 체결해 농민들에게 주는 농협의 선지급금에 대한 이자를 보전해준다. 2013년 경기도 화성시를 시작으로 많은 지자체에서 시행하고 있다. 무주군 담당자에 따르면 14개 지자체 중 절반 정도가 시행하고 있다. 지자체와 농협은 농업인 월급제를 통해 소득의 안정적 배분과 계획 경영을 통한 농가의 경영 안정을 기대효과로 본다.

    무주군의 경우에도 2017년부터 농협과 출하 약정한 농가에 대해 농업인 월급제를 시행하고 있다. 이를 2022년까지는 농협과 출하 약정한 금액의 50퍼센트로 지급하던 것을 2023년부터 60퍼센트(월 20만~250만 원)까지로 확대하고 4월에서 9월까지(6개월) 매월 나눠서 수매 대금을 선지급 받을 수 있도록 한 것이다. 무주군에서 지원하는 것은 선지급금에 대한 이자다. 사과, 포도, 복숭아, 천마, 고추, 벼, 블루베리, 딸기, 토마토, 오미자, 아로니아, 머루, 화훼 등 13개 품목을 생산하는 농가일 경우 농협에 신청할 수 있다.

    무주군 농정기획팀에 따르면 처음 시행 당시에는 지원 대상이 50여 명에 불과했으나 2022년에는 200여 명으로 늘었다. 매년 증가 추세다. 군 담당자는

"농업인 월급제는 군에서 농협에 이자를 지급하는 것으로 금리가 저렴할 때는 큰 의미가 없을 수 있지만 금리가 인상된 올해는 250여 명에서 300여 명으로 더 많은 농민이 신청할 것"으로 예상했다. 무주농협 담당 상무는 "농한기 때 농자재 등을 사고 나중에 농산물 출하 때 갚는 농가들이 계속 늘어나고 있다"며 "그동안 금액이 적어 신청을 안 하는 농가들이 있어 올해는 확대 시행하게 되었다"고 농업인 월급제 확대 시행의 의의를 밝혔다.

결국엔 빚

그러나 정작 농업인 당사자는 농업인 월급제에 대해 고개를 갸웃하기도 한다. 이 제도에 대한 비판 중 하나는 '월급'이라고 하지만 농협에서 받은 대출을 6개월에 나눠 쓰고 목돈으로 갚는 것 아니냐는 것이다. 일각에서는 결국 세금으로 농협에 좋은 일 하는 것이라는 비판도 제기한다. 2년째 지원받고 있다는 한 농부는 "결국 한 해 벌어 한 해 사는 농민에게는 달콤하지만 부담스러울 수밖에 없다"는 반응을 보였다. 지원이라지만 사실은 가을에 벌어들일 수익금 중 절반을 대출로 미리 당겨쓰는 것뿐이니 말이다.

또 다른 비판은 무주의 경우 소규모 농가가 많은데 농협과 출하 약정을 할 수 있는 규모의 농가가 많지 않아 지원금을 신청할 농가가 제한적일 수밖에 없다는 의견이다. 세금으로 지원하는 것인 만큼 더 많은 농민을 조건 없이 직접적으로 지원하는 제도를 고민할 필요가 있다는 것이다. 이처럼 농업인 월급제의 실효성에 대해 질문하자 군 담당자는 "농가 입장에서는 수확이 없는 비수기에 대출받아야 하는 것이 현실이다. 따라서 실효성이 없진 않다. 또한 올해는 소규모 농가도 지원할 수 있도록 확대 시행된 것"이라고 말했다.

    2024년에도 농업인 월급제는 더 확대 시행되고 있지만 나는 여전히 이 정책이 미봉책일 뿐이라 생각한다. 농업인 월급제가 도입된 이유는 명확하다. 농업인의 '소득' 문제다. 농업인 월급제가 시행된 배경에는 올가을에 수확해 다음 해 가을까지 버텨내기 어려운 농민의 현실이 있다. 영농자금이나 생활비 혹은 둘 다 부족하기 일쑤다. 오죽하면 정부 보조금과 빚이 없으면 농사짓기가 어렵다는 말이 나올까. 2023년 농가의 평균 소득은 전년 대비 10.1퍼센트 증가했다. 그러나 평균 가계 지출도 전년 대비 6.3퍼센트 증가했고, 2023년 말 기준 농가의 평균 자산은 전년 대비 1.4퍼센트 감소한 데 반해 평균 부채는 전년 대비 18.7퍼센트 증가했다.[10]

---

10 **통계청, 〈2023년 농가 및 어가경제조사 결과〉(보도자료), 2024년 5월 24일 참조.**

생산과 가격의 불확실성에 대비할 정책은 없고, 수입 농산물과 경쟁도 해야 하는 농민들은 힘겹다. 이를 두고 농업 고소득 작물 개발 등으로 경쟁력을 높이고 생산 단가를 줄여야 한다거나 유통과정을 정비해야 한다는 등의 주장만 분분할 뿐이다.

이런 상황에서 농업인 월급제는 당장 필요한 돈을 미래의 소득을 담보로 무이자로 대출받을 수 있게 해준다. 그러나 농가 소득의 불안정성과 저소득이라는 문제, 그리고 이 문제의 구조적 원인은 그대로 둔 채 실행되는 농업인 월급제는 농민들의 불안감만 높일 수 있다. 그해 농사가 어떻게 될지 알 수 없는 상황에서 농협과 약정한 수매가 중 절반 이상을 미리 '당겨쓰는' 것이다. 결국 나눠 받은 돈을 목돈으로 갚는다. 농업인 월급제는 농협에 대출이자를 대신 내줄 뿐이다. 당장 한 푼이 아쉬운 농민들은 그나마 한숨 돌릴 수는 있겠다. 그러나 딱 그뿐이다.

게다가 농업인 월급제는 농협에 수매가 가능한 농업인에게만 적용된다는 한계가 있다. 농협에 수매를 할 수 없는 소농이나 영세농, 자급농에게는 박탈감을 심어준다. 판매를 전제로 한 농사만을 인정하고 지원하겠다는 가치를 담은 정책이다. 세금이 농업인에게 직접 사용되는 것이 아니라는 점도 찜찜하다. 결국 농협만 이익이라는 말이 나오는 이유다.

농민기본소득을 상상하기

농업인 월급제라는 말을 처음 들었을 때 나는 이것이 일종의 농민수당일 것이라고 생각했다. 그렇다면 이미 농민수당, 농업인 직불제와 같은 제도가 있으니 지금처럼 일회성으로 주고 말 것이 아니라 제도를 정비해서 매월 '농민기본소득'으로 지급하는 것이 더 실효성 있지 않을까? 물론 소농이나 자급농, 영세농도 적용 대상에 포함해야 한다. 그렇게 하면 수도권으로 몰린 인구가 농촌이나 어촌으로 흩어져 지역 활성화도 되고, 자급농도 많아져 농산물 수송에 들어가는 물류비도 줄일 수 있다. 무엇보다 빚을 내서 농사짓고 가을에 수매를 하고도 손에 남는 게 없어 다시 빚을 내야 하는 농민의 허망한 마음을 걱정하지 않아도 된다.

나는 집 짓는 비용, 차량 구입 비용, 농사자금 대출을 알선하고 이자를 지원해주는 정책들이 구조가 만든 문제를 개인이 책임지도록 하면서 그 삶을 더 힘겹게 한다고 생각한다. 이미 우리 개개인들은 충분히 열심히 산다. 그에 비해 정부 정책은 충분하지 않은 것 같다.

6부

정치 혹은 민주주의

1. 민주주의를 포기하기 쉬운 시골

> "잘 모르는 사람들이 잘 아는 사람들을
> 대신해서 결정을 내리는 게 인생인 거야."
> —카타리나 잉엘만순드베리, 《감옥에 가기로 한 메르타 할머니》

시골의 민주주의는 포기가 더 쉽다

사람들은 고향에 대한 향수를 '따뜻함', '훈훈함' 등으로 정해놓았다. 도시인들에게 시골은 그런 곳이다. 왜 그럴까? 여러 가지 이유가 있겠지만, 고향을 떠나 도시에 사는 자식들의 걱정이 그중 하나가 아닐까 짐작한다. 자주 찾아뵙지도 못하고, 도시에서의 삶도 빠듯한데, 불편한 시골에 사는 부모가 별 탈 없이 무사히 지내길 바라는 마음이 무의식적으로 작용한 게 아닐까? 지자체들은 이런 마음들을 이용해 매년 축제 등으로 장사를 하고, 기부금을 받는다.

시골 지자체들은 자기 지역의 문제점이 외부로 노출되는 것을 싫어한다. 지역 평판이 곧 경쟁력이라고 생각하기 때문이다. 나는 시골살이가 왜 불편하고, 시골에서 왜 살기 힘든지를 이야기했다. 그러나 지자체는 지방소멸을 말하면서도 시골살이에 지친 사람들이 떠나는 근본적 원인은 외면한다. 그저 개발을 유치해 지자체 운용기금을 늘리고, 축제나 행사로 관광객을 유치하는 등 숫자를 통해 성과와 경제 규모를 키우려는 데만 골몰한다. 농업 일손이 부족하면 제3세계 국가와 협력 관계를 맺어 외국인 계절 노동자를 '활용'할 수 있도록 '공급'한다. 언 발에 오줌 누기식이다. 정치가 무능한 탓일 수도, 정치와 경제에 대한 지극히 자본주의적 편견에서 벗어나지 못하는 빈곤한 상상력 탓일 수도 있다.

　더 큰 문제는 이런 지자체의 무능과 상상력 결핍을 해결할 민주주의를 찾기가 힘들다는 점이다. 개인의 일상을 바꾸는 힘은 민주주의에서 나온다. 사람들이 가진 열망을 개인이 아니라 구조로 풀고자 하는 것이 민주주의다. 하지만 내가 경험한 시골은 도시에 비해 구조를 바꾸기보다는 개인을 탓하고, 문제를 바꾸거나 해결하기보다 순응하거나 포기하는 데 더 익숙한 것 같다.

　언젠가 내가 거주하는 지역의 시민단체 모임에 참석했을 때였다. 마침 그날 모임은 그 단체의 활동 방향과 내용을 고민하는 자리였고, 나는 주민이

주도하는 에너지 협동조합을 만들면 좋겠다고
제안했다. 그러나 그 제안은 논의조차 되지 않았다.
나는 실망했고, 논의조차 되지 않은 이유가 궁금했다.
회의 뒤풀이까지 끝난 후 한 사람이 조용히 그
이유를 짐작할 수 있는 말을 나에게 해주었다. 그는
재생에너지 설비 업체들이 이미 자리 잡은 상황에서
지원금을 놓고 협동조합이 경쟁해야 하기 때문에 힘들
것이라고 했다. 아니, 아예 협동조합을 구성하기조차
힘들 것이 뻔하다고 했다.

    나는 여기서 시골살이의 가장 큰 걸림돌을 이해할
수 있었다. 민주주의의 실종이다. 소수의견은 논의조차
되지 못하고, 이미 만들어진 구조에는 순응한다. 열린
토론과 저항 없이 민주주의는 불가능하다. 그리고
민주주의가 실종된 세계는 불행하다.

촘촘한 민주주의와 반성하는 마음들

    우리는 왜 멀리 있는 소위 '중앙 정치'에는 관심도
많고 참여도 하면서, 가까이 있는 지자체에서 뭘 하고
있는지, 그들이 움직이면 우리 삶이 어떻게 달라질
수 있는지 관심을 기울이지 않을까? 나는 1987년
6월항쟁으로 소리 높여 외쳤던 '민주주의'가 이런 건
아니었다고 생각한다. 그 후 매번 대통령이 바뀌어도
삶은 고통스러웠다. 때때로 어떤 이들의 노력으로

괜찮은 정책이 만들어져도 지자체에서 외면하거나, 이권이 개입된 사람이 혜택이나 이익을 가져가는 경우를 보기도 했다. 그렇다고 "한국은 지자체를 할 수 없는 나라인가 봐"라거나, "아직 준비가 부족해서 그렇다"라거나, "좁은 나라에서 무슨 지자체"라고 할 게 아니다.

더 '촘촘한 민주주의'가 필요하다. 지자체 단위도 너무 넓다. 민주주의는 집과 마을에서 먼저 시작해야 한다. 처음 귀촌해서 함께 살았던 친구들 이야기다. 친구들이 집을 짓기로 하고 장소를 찾을 때였다. 고려해야 할 것은 많았다. 그중 중요한 고려 사항에는 '아이들의 의견'도 포함되어 있었다.

어떤 결정에서 배제되는 존재가 있다는 것은 민주주의가 아니다. 누군가가 중요하게 고려되지 않는 것 또한 마찬가지다. 어린이, 여자, 장애인, 빈민, 노동자, 학생, 비경제활동인구 등 계급사회는 온갖 이유로 이들의 생각과 말, 행동을 막고 통제한다. 생명의 존재 방식과 삶의 통제권을 개인들에게서 빼앗아 힘 있는 존재나 그들을 대변하는 국가권력에 종속시킨다.

나는 그런 방식이 익숙했고, 그래서 그 방식이 잘 보였고, 그래서 괴로웠다. 거대한 권력과 싸운다거나 좋은 일을 한답시고 개인을 수단으로 삼고도 당당하거나 혹은 자각조차 하지 못하는 사람들과 부딪히기도 했다. "그 나이쯤 되면 이제 철들 때도 되지 않았느냐"는 말은 덤으로 따라왔다. 흔치 않게 뒤늦은 사과를 받기도 했지만, 언제나 떠나는 사람은 나였다. 나는 어리다고 해서 말할 수 없다고, 의견이 없다고 생각하지 않는 친구들의 의사결정 방식이 좋았다. 또한 그 의견들을 신중하게 고려하고 의견을 주고받는 것도 좋았다.

민주주의는 때로는 스스로 내려왔던 결정에 대한 반성을 요구하기도 했다. 내가 생계를 위해 타협해왔던 무수히 많은 결정 말이다. 그 결정들에서 내 영혼과 마음은 쉽게 배신당하곤 했다. 자본주의라는 계급사회에서 신체를 부양하는 일은 영혼과 마음에 깊은 상처를 내는 일이다. 우리는 그 상처가 훈장처럼, 소위 '성공'이라는 말로 포장되는 사회에 살고 있다. 그러니 스스로의 '불가능함' '가장 배제하고 싶은 내 안의 어떤 목소리' '귀찮음' '투덜거림' '뻔뻔함'에 주목해야 한다. 그러니까 세상이 요구하는 기준이나 틀에 맞지 않고 불화하는 마음과 감정들, 상태들 말이다. 내 안의 민주주의가 말살되지 않도록. 내가 생각하는 촘촘한 민주주의는 배제되는 존재가 없도록 모든 것을 고려하는 시스템이기도 하고, 그렇게 하고자 하는 지향이기도 하다. 무엇보다 그렇게 하고자 하는 마음이다.

반성하는 정치 시스템

　나는 이렇듯 반성하는 마음들이 모인 민주주의를 위해서는 반성하는 정치 시스템이 필요하다고 생각한다. 2024년 1월, 이태원 참사 1년 2개월 만에 서울경찰청장 김광호 등 21명이 기소됐다는 뉴스를 접했다. 비슷한 사건이 반복되지만 한국 정치에는 반성이 없다. 무수히 많은 목숨이 희생되고, 그 희생을 헛되이 하지 않으려는 더 많은 이들의 몸부림과 또 다른 방식의 희생이 있어야 겨우 더딘 걸음을 조금씩 내디딘다.

　저절로 영화 〈7월 22일〉의 노르웨이 정치를 떠올리게 된다. 테러 사건이 벌어지자 정부는 유족들과 피해자들에게 사과하며, 시스템 정비와 대책 마련, 세밀한 백서 작업을 진행했다. 총리가 유족들과 피해자들을 직접 만나 약속한 내용이다. 총리 개인이 훌륭해서는 아닐 것이다. 정치는 시스템이기 때문이다.

　물론 이 시스템을 만들고 운영하는 것은 사람이다. 사람들의 관점과 한계가 시스템에 반영되기도 하고, 시스템을 적용하는 개인의 관점에 따라 달라지는 점도 생긴다. 또한 시스템에는 언제나 잘못되거나 부족한 점이 있게 마련이기에 그 밖에서 시스템의 재정비를 요구하는 목소리를 중요하게 들어야 한다. 시스템의 반성이 가능하기 위해서는 그 목소리가 촘촘해야 할 것이고, 가까운 곳을 향해야 한다. 민주주의를 통해 일상이 바뀌는 경험이 필요하다. 내가 시골 민주주의에 관심을 가지는 이유다.

2. 이상하고 수상한 이장의 세계

　주간지에 기사를 낸다는 건 매주 아이템을 찾는 '하이에나'가 되는 일이다. 그래서 나는 지역 주간지 신문사에서 일할 때, 보이는 모든 곳에서 아이템을 찾았다. 다행히 나는 궁금한 것이 많았다. 기자라는 '명함'을 가지고 있으면 갈 수 있는 곳이 많았고, 나에게 어디든 갈 수 있고, 질문할 수 있는 좋은 핑계를 만들어줬다.
　'이장단 회의'라는 것이 있다는 것을 알았을 때도 마찬가지였다. 나는 낯선 세계에 대한 호기심을 안고 참관했다. 그리고 이장이 할 수 있고, 하는 일이 많다는 것을 알았다. 이장단 회의에 다녀온 후 동료에게 '이장'이 도대체 어떤 존재인지 물었다. 그러자 그는 이렇게 알려줬다. "공무원한테 기자가 전화를 하면 앉아서 받지만, 이장이 전화를 하면 일어서서 두 손으로 받는다." 그리고 이장에 대한 기사는 쓰지 말라고 했다. "아무도 못 건드리고, 건드리면 큰일 난다"라는 말도 덧붙였다. 이후에 마주한 다른 사람들의 반응도 비슷했다. 이장에 대해 내가 의구심을 드러낼 때면 사람들은 눈을 피하거나 외면했다.

그래서 나는 언제나처럼 정보를 모으며 기다렸다.

어쨌든 이장에게 말해야 처리가 됩니다

이 신문사에 막 기고를 시작했을 무렵 학생들이 하굣길로 주로 이용하는 길에 가로등이 없거나 어두운 구간이 있어 위험하다는 제보를 받고 취재한 적이 있다. 군청 담당 공무원에게 사안을 묻자 그는 "이장에게 말하라"라는 말을 반복했다. 모든 민원은 이장이 검토한 다음 읍·면 단위 행정에서 처리한다는 것이다. 어쨌든 이장이 나서지 않으면 안 된다는 답변이었다. 왜? 행정에서 이장 의견을 참고할 수는 있다. 그런데 이장이 반드시 검토해야 행정이 움직일 수 있다니. 이상했다.

그래서 매월 2회 각 면·읍 단위로 열리는 '이장단 회의'를 참관해봤던 것이다. 행정 부서별로 이장에게 지원사업 현황, 정부 정책이나 계획 등을 보고하고 의견을 묻거나 해당 마을에 홍보를 당부한다. 봄이 시작되면 지자체에서 가구별로 지급되는 비료나 퇴비조차도 모두 이장의 손을 거치고 있었다. 이장단 회의가 끝나면 이장단협의회 회의가 별도로 열린다. 그 자리까지 눈치를 보며 앉아 있었다. 그 자리에서 나오는 이야기들은 놀라웠다. 이장이 농협에서 이장수당을 받는다고? 그 금액은 월 12만~15만 원이라고? 이장 해외여행은 또 뭐지? 상황이 잘 이해되지 않았고 마음이 복잡했다.

며칠 후 다른 건으로 부면장과 통화를 할 일이 있었는데 그는 이장단 회의를 참관했던 날의 내 태도가 "무례하다"라고 했다. 이장들만의 회의에 기자가 사전에 양해도 구하지 않고 참관했다는 이유였다. 이번에는 수상했다.

이상하고 수상하다면, 본격적으로 알아봐야겠다.

행정이 임명하는데 마을 대표라고?

먼저 전라북도에 정보공개청구를 했다. 전라북도의 각 시와 군에서 답변을 받을 수 있었다. 비슷한 내용이 많아 핵심만 요약하면 이렇다. 이장의 역할과 활동은 지방자치법 시행령 제81조(이장 및 통장의 임명)와 기초단체별 관련 조례나 관련 규칙에 근거한다는 답변을 받았다.

지방자치법 시행령 제81조(이장 및 통장의 임명)

① 법 제7조제5항에 따른 행정동의 통에는 통장을 두고, 법 제7조제6항에 따른 읍·면의 행정리에는 이장을 둔다.

② 제1항에 따른 이장 및 통장은 주민의 신망이 두터운 사람 중에서 해당 지방자치단체의 규칙으로 정하는 바에 따라 읍장·면장·동장이 임명한다.

③ 읍장·면장·동장이 제2항에 따라 이장 및 통장을 임명한 경우에는 그 사실을 해당 시장·군수 및 구청장에게 보고해야 한다.

그러니까 이장은 행정리라는 읍과 면의 하위 행정구역인 리(里, 마을)를 책임지는 자리이고, 주민이 선출해서 뽑는 자리가 아니라 임명직, 즉 행정직이다. 주민들은 이런 사실을 알고 있을까? 대부분 이장은 대동회(가구당 1인으로 구성된 마을회의)에서 선출하는 정도로만 알고 있었다. 정리해보면 이장은 마을 대동회에서 선출한 사람을 면장이나 읍장이 임명하는 형식을 취한다는 것이다. 이런 상황과 별개로 주민들은 마을에서 '대동회를 통해' 뽑았으니까 '마을 주민의 대표'라고 받아들일 수도 있겠다.

문제는 행정이 이런 이중적인 이장의 지위,

즉 실제로 행정직이지만 표면적으로 주민 대표로 보인다는 것을 핑계 삼기 좋다는 데 있다. 마을 주민 간담회나 의견 수렴 없이, 혹은 형식적인 절차만을 거친다 해도 이장과만 소통해서 결정하고 집행해도 별수 없다. 문제 제기야 할 수 있겠지만.

그렇다면 이장은 어떤 일을 할까? 다음은 진안군에서 받은 답변이다.

진안군 리의 운영 등에 관한 조례 제2장 이장 제5조 (이장의 임무)
① 이장은 해당 행정리의 구역에서 읍면장 업무 중 일부를 담당한다.
② 이장은 행정리를 대표하며 다음 각 호의 임무를 수행한다.
　1. 행정시책의 홍보, 지역주민의견 수렴 및 행정기관에 전달 반영
　2. 리의 발전을 위한 자주적·자율적 업무처리
　3. 지역주민의 화합단결과 이해조정에 관한 사항
　4. 그 밖에 지역주민을 위한 봉사 및 주민편의 증진을 위한 사항

각 지자체는 조례나 규칙으로 이장의 임무에 근거를 마련하고 있었다. 내용은 대체로 비슷한데

군산시의 조례를 보면 더 잘 이해할 수 있다.

군산시 이·통반 설치 조례 제2장 이·통장 제5조 (이·통장의 임무)

이·통장은 읍·면·동장의 지도감독을 받아 다음 각 호의 임무를 수행한다.

1. 리·통·반원의 지도
2. 행정시책의 홍보와 주민여론 요망사항의 수렴 보고
3. 주민의 거주 이동상황 파악
4. 각종 사실의 확인
5. 지역개발사업 추진 협조 지원
6. 리·통·반원의 비상연락, 훈련
7. 전시 홍보 및 계도(전시에 한함)
8. 전시 자원의 동원과 생필품 보급
9. 마을공동체 형성을 위한 보건·복지도우미 역할 수행
10. 기타 법령에 의하여 부여된 업무 및 읍·면·동 행정수행에 관하여 필요한 사항

이장 제도는 일제가 식민지 통치를 위해 기존의 공동체를 붕괴시키고 주민들을 감시·통제하려고 도입한 수단이라는 것은 알 만한 사람은 다 안다.

그런데 아직도 이장회의 자료에 버젓이 "주민의 거주 이동상황 파악" 임무가 쓰여 있다. 회의 자료를 보며 '주민 사찰'을 떠올리는 것은 과한 생각일까?

더군다나 이장을 거치지 않는 사업이 없다는 점도 문제다. 이런저런 정부 정책에 따른 지원 하나라도 더 듣고 신청하려면 이장과 대립할 수 없는 게 농촌 현실이다. 이런 상황이다 보니 주민들, 특히 이주민들의 삶은 이장과의 친밀도나 이장의 성향에 따라 마을살이가 달라진다는 말도 틀린 말이 아니다.

마을과 읍·면에도 주민 대표가 필요하다

이런 상황에 이장들은 만족스러울까? 자기 농사일도 바쁜데 마을 일까지 챙겨야 한다. 그러니 정작 제대로 '이장 노릇'을 하는 마을에서는 서로 미루려는 분위기다. 너무 잘해서 명성이 자자한 이장도 있다. 물론, 그렇지 않은 이장들도 있다.

"저기 또 공사가 들어오니까 이장이 (자리를) 안 내놓으려고 하니까. 돈 들어오는 루트가 보이는 거지. 지금까지 20년을 했는데 30년 할라고 하는데 내가 막았지. 그랬더니 자기 말 잘 듣는 사람, 저기 뭐냐 러시아 푸틴처럼, 바지 대표를 내세운 거지. 바지를 내세우고 방송도 자기가 하고 섭정을 해. 그러다가 다시 자기가 또 하는 거지."

"한 달에 한 번은 해야 되는 동네 회의도 안 해."

"노후 폐차 신청하려고 했는데, 자기랑 친한 사람들한테 미리 다 신청 받아주고 나한테는 '신청 끝났는데요' 이래! 자기 입맛에 맞는 사람한테만 정보를 주는 거지."

"요 작업도 자기들끼리 몇 사람이서 해갖고 딱 15만 원씩 나눠 받아가고 그래. 문제는 그렇게 작업을 하면 제대로라도 하던가. 아름드리나무 다 망쳐놓고. 동네 일인데 회의 한번 안 했어. 그냥 자기들끼리……"

　인터뷰에 응한 이는 이장을 '소통령'이라고 불렀다. 나라에 대통령이 있는 것처럼 마을에는 이장이라는 소통령이 있다는 것이다. 그의 말을 들으며 대통령이 누구냐에 따라 극명하게 달라지는 정책들과 그런 정책에 따라 이리저리 휘둘리는 우리네 삶이 연상됐다.
　민주주의는 민의를 구조의 방향과 내용에 반영하는 것이다. 그렇다면 민주주의가 잘 작동하고 있는지는 어떻게 확인할 수 있을까? 나는 늘 일상에서 가장 가까운 곳에 그 답이 있다고 생각한다. 마을은 일상에서 구조를 접하는 장소다. 그러니 마을에서 주민들 의견이나 고충이 반영되고 있는지, 이장이 권한을 마음대로 휘두를 때 주민들이 그를 막을 방법이 있는지 점검해야 한다. 그런데 마을에는 '법에 따라' 민의를 모으고, 더 큰 구조에 그 의견을 반영하는 사람이 없다. 왜냐하면 한국 정치는 시·군·구까지만 행정직 수장과 입법자를 선출하기 때문이다. 즉, 한국의 민주주의는 시군구에서 끝난다. 나라에 국회의원이 있고, 도에 도의원, 시에 시의원, 군에 군의원이 있는 것처럼, 읍·면, 마을에도 법으로 보장되는 신분으로서 선출직 주민 대표가 있어야 한다. 물론 보통, 직접, 비밀투표의 원칙에 따라 모든 주민이 참여하는 과정을 거쳐서. 마을에서 무너진 민주주의가 더 큰 곳에서 제대로 작동할 리가 없다.

    이미 여러 의견과 대안들이 제시되고 있다. 크게는 두 가지 방향이 있다. 현실파는 이장 제도 개혁을 이야기하고, 근본파는 주민자치회 제도를 활용하자고 주장한다. 여기에 몇 가지 아이디어를 덧붙여보자.

잘 알겠고, 그런데 현실은……:
이장 제도부터 개혁하자

1999년 처음 주민자치센터를 만들고 주민자치위원회를 주민대표 조직으로 구성한 데는 이장과 통장이 가진 힘을 분산하고 대체할 의도가 있었을 것이다. 그러나 주민자치센터의 운영을 위해 만들어진 주민자치위원회가 주민을 대표하는 성격을 가지기는 어렵다. 그렇다면 바꿀 수 있는 것부터 바꿔보자는 것이다. 이미 제시된 방법들이 있다.

우선, 주민들의 선택지를 넓히는 방법이 있다. 이장의 자격은 조금씩 다르지만 실 거주 기간 2년 이상, 마을에 고정적 직업이 있는 사람, 25세 이상 등의 조건은 대체로 비슷하다(순창군은 "당해 리에 주소를 두고 1년 이상 거주하고 있는 25세 이상인 자"로 이장의 자격 조건을 완화해 규정하고 있다). 이 이장의 자격 조건을 완화하거나 없애는 것이다. 이장 후보라면 이미 그 마을에서 어떤 사람인지 다 아는 사람일 테니 굳이 자격 조건을 명시할 필요가 있을지 의문이 든다.

둘째, 주민의 의견이 다양하게 전달될 수 있도록 하는 방법이 있다. 조례나 규정으로 정해진 이장 임명제를 이장 추천제로 바꾸고 두 명 이상의 이장 후보를 추천하는 방식이다.

셋째, 이장의 자격, 임기, 수당 등은 지자체별

조례로 정하고 있기 때문에 모두 다른데, 특히 임기 규정을 동일하게 만들자는 의견도 있다. 연임에 대한 제한이 필요하기 때문이다. 이장 임기는 3년인 경우가 많고 2년으로 규정한 사례도 있는데, 임기가 몇 년이냐의 문제보다는 임기 규정에 들어 있어야 할 연임 제한이 불분명하거나 아예 언급조차 없는 것이 문제다. 기준이 없으니 엉뚱하게 조례가 핑계가 되기도 한다. 그러니 아예 임기를 동일하게 만들어 핑곗거리를 없애자는 얘기다. 순창군의 경우는 3년 임기에 1회 연임, 최대 6년까지 맡을 수 있다. 그래도 문제는 있다. 6년 임기를 마친 기존 이장 외에 마을총회에서 추천된 또 다른 이장 후보자가 없을 경우다. 이 경우에는 기존 이장이 연임할 수 있다. 마을 상황에 따라서는 계속 한 사람이 이장을 맡을 수도 있다.

넷째, 이장의 해임 요건을 분명히 명시하자. 현재 이장을 해임하는 권한은 읍장이나 면장에게 있다. 해임 요건을 명시함으로써 해석에 따라 불거지는 논란이 없어질 수 있다. 또한 이장이 국가기관, 공공단체 등의 직원이나 상임 임원을 겸직하지 못하도록 법적인 기준을 마련해야 한다.

마지막은 대동회 개혁이다. 대동회를 통한 이장 선출을 듣고 이해되는 것이 있었다. '왜 이장은 대부분(99퍼센트 이상) 남성일까?'라는 궁금증에 대한 답이었다. 대동회의 구성 문제다. 여전히 가부장주의 문화가 강한 농촌에서 마을 가구당 1표를 행사하는 대동회에 참석할 수 있는 사람은 남성일 것이다. 이장 후보로 나설 수 있는 사람은 누구일까? 일단 남성이고 재산이 있고 나이도 지긋해야 이른바 마을의 '명망 있는' 사람으로 인식되어 이장 후보라도 나설 수 있지 않을까?

오죽하면 마을 최초로 여성 이장이 된 한 여성 농업인의 수기에는 여성 주민들이 그를 당선시키기 위해 남편들을 대동회에 참석하지 못하게 설득하고 1가구 1표라는 악습을 역이용해 자신들이 몰려가 여성 이장을 선출시키는 공동작전을 펼치는 내용이 등장한다.[1] 대동회에 함께 모이더라도 주로 남성 주민들은 마을회관 안에서 회의를 하고 여성 주민들은 마을회관 마당의 조리 공간에서 함께 먹을 음식을 준비한다. 이런 상황에서 대동회의 의결권이 1가구 1표가 아니더라도 여성들의 투표권은 보장되기 힘들 수 있다. 그러니 대동회 개혁은 우선 1가구 1표 기준을 없애고 보통·평등·직접·비밀·자유선거, 즉 선거의 기본원칙을 지키는 데서 시작할 수 있을 것이다.

또 다른 대동회 개혁 방법은 어떤 것이 있을까?

---

[1] 신지연, 〈여성농민의 꿈을 응원해줘〉, 《제5회 여성농업인 생활수기 공모전 수상작품집》, 농림축산식품부, 2022.

일단 형식을 제대로 갖춰야 한다는 의견이 많다. 월 1회 회의를 정례화하고, 연 1회 이상 예결산 보고를 하고, 객관적인 기준을 가진 회계감사를 둬야 한다. 행정직은 마을 수입과 영수증을 포함한 지출 내역을 주민들에게 보고해야 한다. 또한 마을마다 행정직(현행 '이장')과 민의 대변자를 나눠 선출해야 한다. 행정직은 민의 대변자의 의견을 반영해 행정 업무와 내용, 방향 등을 결정하고, 보고하고 평가받고 그 내용에 대해 마을 주민들에게 보고해야 한다.

이를 위해 민주주의에 대한 기초적인 주민 역량 강화 교육을 의무적으로 배치하자. 자신의 권리를 이해하고 적극 행사하려는 주민이 많을수록 마을은 살기 좋은 곳이 될 수 있다.

근본적으로 바꿀 수 있다: 주민자치회 제도를 활용하기

대동회 개혁이 힘들고 거의 불가능에 가까운 상황도 있을 수 있다. 그렇다면 이미 제도가 마련된 주민자치회를 적극 활용하는 방법이 있다. 주민자치회는 지방분권 및 지방행정체제개편에 관한 특별법(지방분권법) 제27조에 따라 읍·면·동에 설치된다. 원하면 지방분권법에 따라 시범 실시할 수 있다. 지방분권법에 따르면 주민자치회에 위임·위탁할 수 있는 사무와 위원에 관한 사항은 지방자치단체가 조례로 정할 수 있다.[2] 주민자치회의 가장 큰 장점은 안건 결정부터 자치 계획까지 모두 주민이 직접 결정한다는 것이다. 그것도 주민들의 직접투표를 통해서.

　이미 마련된 주민자치회 표준조례안을 참고해 지자체별로 주민자치회 조례를 만들면 된다. 선거를 통해 주민자치회를 구성할 수만 있다면 풀뿌리 민주주의를 '시작'할 수 있다. 제도는 언제나 형식일 뿐, 내용은 주민이 채워야 한다. 주민자치회를 위한 선거와 총회 등 활동 과정이 주민들의 민주주의 의식을 높일 수 있다. 물론 주민 교육도 필요하다. 여기서 이장은 행정직으로 실무를 담당하고 마을의 사업과 민원은 주민자치회가 공론의 장에서 결정하는 구조도 생각해볼 수 있겠다.

　그러니까 이 모든 이야기는 마을 주민들에게서 오래전에 앗아간 자치권에 대한 이야기다. 이제 어떻게 그것을 다시 가져올지 이야기해봐야 한다.

---

[2] 헷갈리지 말자. 주민자치위원회가 아니다. 주민자치위원회는 자치회관의 운영에 관한 사항을 심의하거나 결정하기 위해 만들어진 주민 대표 기구다. 즉, 주민자치위원회는 자치회관 운영에 관여하는 주민 대표들이 모인 위원회다

3. 군의원은 어디를 향해야 하는가

민원 해결이 좋은 정치라고?

나는 귀촌 후 알게 된 몇몇 지인들이 개인적인 문제를 해결하기 위해 군의원을 만나 소위 '담판'을 지었다는 이야기를 종종 들었다. 처음엔 그들의 이야기를 들으며 지방의회는 문턱이 낮아서 좋다는 생각을 했다. 그런데 군의회 회의록을 보거나 군의회 행정사무 감사 등에 참관한 후 그게 아니라는 것을 알았다.

군의원들을 직접 만나 이야기할 수 있는 개인은 어떤 사람일까? 나는 군의원이 개인 삶의 고충을 정치화한다는 것과 민원 해결사가 된다는 것은 전혀 다른 이야기라고 생각한다.

좋은 정치는 언제나 인권을 옹호해야 한다. 인권의 눈으로 세상을 보고, 낮게 기울어진, 그러니까 평가절하되고 위치 권력을 갖지 못한 쪽의 편을 들어야 한다. 그래서 좋은 정치가는 언제나 개개인의 사연에 귀 기울이고, 눈높이를 맞춘다. 그렇게 맞춘 눈높이로 시스템을 재정비한다. 누군가 배제되거나 희생을 강요당하고 있지는 않은지 살펴야 한다. 우리가 그 누군가의 피눈물로 이익을 추구하는 파렴치함에 젖어 그것을 당연하게 여기지 않도록.

그러나 아직도 우리가 아는 정치는 늘 위에서 아래로 향하는 시선에 머물러 있는 것 같다. 위에서 아래로 향하는 시선은 늘 관리와 통제, 효율을 지향하기 마련이다. 지금부터 할 얘기는 그런 이야기 중 하나다.

누군가의 피눈물에 침묵하는 정치

시골은 일자리가 부족하지만, 일할 사람도 부족하다. 고령화로 인한 일손 부족은 이제 한국 농촌 소멸과 함께 농업 위기 문제로 뉴스 단골 소재가 된 지 오래다. 시골에서는 언제나 '일손'[3]이 부족하다. 이에 지자체는 제3세계에서 외국인 계절 노동자를 농민에게

3 　나는 개인적으로 이 말을 싫어한다. '일손'이라는 말은 '일하는 손'만을 강조하기 때문이다. '일하는 손'도 생각과 영혼과 감정이 있는 '사람'이다.

'제공'하고 그들의 '이탈 방지'를 고심한다. 그렇게 시골 인구의 절반 이상이 70대 이상의 고령인 현실에서 농사일 중 가장 힘든 일은 농업 이주노동자가 대부분 맡아왔다.

2021년 2월 겨울에 나는 캄보디아에서 온 여성 노동자 속헹 씨의 안타까운 소식[4]을 접하며, 문득 안데르센의 동화 〈성냥팔이 소녀〉를 생각했다. '산업화 시대'에 가난한 어린 소녀가 사람들의 학대와 무관심, 방관 속에서 얼어 죽은 이 잔혹 동화는 '세계화 시대'로 이어지고 있었다. 이주노동자 지원센터에서 일하는 한 활동가는 "'이주민과 평등하게 살아가기'와 '지역사회 연대'가 절실하다"고 말했다.

그리고 나는 2023년 8월 1일, 인터넷 기사를 검색해 읽다가 깜짝 놀랐다. 진안군 농촌일손지원센터를 진안군농민회에서 수탁한다는 내용의 기사였다.[5] 나는 이 모습이 마치 기업인협회에서 고용노동부를 수탁하는 것과 다를 바 없다는 생각을 했다. 그리고 진안군이 외국인 계절 노동자 이탈과 일손 부족이라는 문제 해결을

---

[4] 황진우, 〈한파 속 갑작스런 외국인노동자의 죽음…숨진 캄보디아 여성 살았던 숙소 구조는?〉,《KBS뉴스》2020년 12월 23일, https://news.kbs.co.kr/news/pc/view/view.do?ncd=5078391.
[5] 국승호, 〈진안군농민회, 진안군농촌일손지원센터 운영 시작…1일 개소식〉,《전북일보》2023년 8월 1일, https://www.jjan.kr/article/20230801580144.

당사자(농민)에게 떠넘겼다는 것도.

　기사에 따르면 군수는 "농민의 어려움을 가장 잘 아는 농민회가 수탁자로 선정돼 기대가 크다"고 했고, 농촌일손지원센터 센터장은 "농촌 인력 문제는 우리 농민 스스로 해결하는 것이 정답"이라고 화답했다. 이제 진안군 공무원은 "예산확보 지원, 지자체 간 MOU 체결, 비자포털 입력, 숙소점검, 고질 민원 대응 등의 업무"만 하면 된다. 나머지 "외국인 계절 근로자 입·출국, 4대 보험, 외국인 등록, 통장 개설 관련 업무 및 인력 재배치 및 이탈 방지와 민원처리 같은 사후관리 등"은 농촌일손지원센터가 한다. 어떻게 이런 일이 가능할까? 내부 소식통을 통해 "농민회에서 요구했다"는 정보를 확인할 수 있었다.

　2022년 12월 관련 조례(진안군 농촌일손지원센터 설치 및 운영 조례)를 제정하는 데서 시작해 2023년 4~6월 공고하는 형식을 모두 갖춘 후, 같은 해 8월 1일 센터 개소식까지 마쳤다. 일 처리가 거침없다.

> 제1조(목적) 이 조례는 진안군 농촌일손지원센터의 설치·운영 및 지원에 관한 사항을 규정함으로써 진안군 농촌일손의 수급안정 등에 기여함을 목적으로 한다.

이 조례의 목적은 농촌 인력의 수급 안정이다. 조례를 눈 씻고 뒤져봐도 외국인 계절 노동자 인권 보장을 위해 이 센터는 어떤 의무를 가지고 있는지, 의무를 위반했을 때 어떻게 할 것인지에 대한 내용은 없다. 특히 이권단체 개입에 대한 규제 관련 내용도 없다.

이 조례를 심의, 의결한 군의원들은 문제를 알지 못했을까? 아니면 알고도 묵인한 걸까? 알 수 없다. 다만, 나와 동시에 기사를 접한 사람들이 보인 반응으로 대충 짐작만 할 뿐이다. 그들의 반응은 대체로 이랬다. 일부는 농민회가 지자체의 수탁 기관이 된 것을 문제라고 여겼다. 농민들의 권리를 위해 싸우는 단체가 지자체에서 떨어지는 일을 맡은 것이 못마땅한 것이다.

그러나 농민회가 수탁 기관이 된 것이 문제라고 생각한 사람들도 그 결과로 발생할 수 있는 외국인 계절 노동자가 겪을 반인권적 상황에 대해서는 침묵했다. 또 어떤 사람은 노골적으로 "농민들 일손인 외국인들이 무책임하게 도망치는 일이 줄어들 수 있을 것"이라고 했다.

"왜 보고만 있었냐고"

정치가 제 역할을 하지 못하면 사람들의 삶이

괴로워진다. 정치가 실패하거나 실종되면 개인의 삶에 고통이 가중된다. 한국 정치는 오랫동안 시골을 발판 삼아 도시를 부양해왔다. 시골은 도시에 의해 상처받고 배제되고 소외됐다. 농사는 '힘들고 돈이 안 되는 일'이라 많은 사람이 농촌을 떠났다. 그 자리에 외국인 노동자와 이주민이 '와주었다'. 고마운 일이다. 그런데도 이들을 대상화하고, 수단으로 자원화하는 것은 정당한가? 이런 생각들로 나는 괴롭고 부끄러웠다.

"이익은 위로, 고통은 아래로." 여성/비정규/노동자의 노동인권 현실을 표현하는 말이다. 영화 〈다음 소희〉의 주인공은 산업연수생이라는 이름으로 착취의 가장 아래, 마지막 고리에서 괴로워하다 자살이라는 사회적 죽음을 선택한 소희와 그 죽음의 원인과 책임을 조사하는 경찰이다. 영화의 결론은 이랬다. 누구에게도 직접적인 책임은 없다. 하지만 시스템을 비롯해 모두가 원인이었고, 모두가 책임을 져야 한다. 회사도, 교사도, 교육 행정도, 경찰도 모두 각자의 자리에서 열심히 '소희들'을 경쟁과 실적으로 내몰았다. "막을 수 있었잖아. 근데 왜 보고만 있었냐고." 경찰 역을 맡은 배두나의 외침이다.

나는 진안군 의회에 같은 말을 하고 싶었다.

나가는 글

시골에서 다시 꿈꾸는 풀뿌리 민주주의: 민주주의는 좋은 삶을 상상하기가 가능한 일상

오멜라스를 떠난 후

어슐러 르 귄의 '어스시' 시리즈를 읽은 후 나는 그의 열렬한 애독자가 됐다. 그의 작품 중 〈오멜라스를 떠나는 사람들〉이라는 단편소설이 있다. 소설은 시작부터 활기차고 아름다운 오멜라스를 묘사한다. 그러나 이곳에는 가장 어두운 곳에서 학대당하는 어린아이라는 '희생양'이 필요하다. 생생하고 아름다운 오멜라스의 모습은 그다음 등장하는 희생양이 머무는 장소의 모습, 희생양인 어린아이의 모습과 대비되어 더 충격적으로 다가온다.

오멜라스에 사는 사람들은 모두 일정한 나이가 되면 이 사실을 배운다. 어떤 사람들은 '어쩔 수 없는 일'이라며 잊어버리고 자신의 삶을 살아간다. 또 다른 사람들은 눈물을 흘리고 죄책감에 시달리지만 역시 체념한다. 사실을 알고 난 후 오멜라스를 떠나는 사람도 있다.

나는 오멜라스를 떠나는 사람이고자 했다. 그러나 언젠가는 그 아이를 데리러 가고 싶었다. 오멜라스에는 여전히 '그 아이'가 있으므로. 지금은 비록 함께 갈 수 없지만 지금 여기를 떠나는 것은 함께할 방법을 찾기 위해서라고.

지역정당에 대한 단상[1]

내가 지역에서 기자로 일하며 가장 놀란 것 중 하나는 지자체가 우리네 삶에 얼마나 가까이 있는지 그동안 미처 깨닫지 못했다는 점이었다.

삶의 모든 문제는 지자체와 정책, 그 일을 담당하는 공무원과 연결되어 있었다. 군수와 군의원이 어떤 사람이냐도 매우 중요했다. 모든 문제는 지자체로 향해서 지자체에서 끝낼 수 있었다. 그리고 지금, 바로, 직접 정치와 닿을 수 있었다. 지자체 홈페이지는 거의 모든 정보를 제공하고 있었다. 그래도 궁금한 점이

---

1   다음 글을 읽고. 강준만, 〈'지역정당'에 대한 잔인한 오해〉, 《경향신문》, 2023년 11월 21일, https://www.khan.co.kr/opinion/column/article/202311212032005.

있으면 정보공개청구를 하면 됐다.

문제는 이런 특징을 잘 활용하는 사람들은 대부분 지역에서 목소리를 낼 수 있는 사람, 소위 '빅마우스'이거나 그런 그룹에 속한 이들이었다. 그렇지 못한 사람들은 조용히 주어진 조건을 받아들이며 살고 있거나, 어떻게 문제를 풀어야 할지 알지 못했다.

다음으로 놀란 점은 정치에 관심이 많은 사람조차 본인이 거주하는 지자체의 민주주의에는 무관심한 경우가 많다는 점이었다. 한국에서 정치는 늘 중앙 권력이 문제고, 중앙 정치가 바뀌면 우리네 삶도 달라질 것이라는 강한 믿음이 있다. 나는 그런 믿음들이 모여 지역 정치를 무능과 부패 속에 방치하고 있다고 생각한다. 그리고 당연하지만 어떤 이들은 이런 상태를 의도하거나 이용한다.

더 큰 문제는 앞에서 언급한 사람들 대부분 스스로의 태도를 자각하지 못하고 자신은 예외일 것이라고 믿는다는 점이다. 그리고 그들은 그런 태도의 문제점을 '지적질' 당하는 것을 견디지 못했다. 그들은 내가 "우리 지자체의 정치가 이렇게 돌아가고 있다"는 말을 할 때면 피곤해하거나 톤과 수위를 낮추라고 요구했다. 나는 대부분 "너무 쎄다"는 평가를 들어야 했다. 그조차 아닐 때는 무의식적인 배제가 있었다.

나는 "주머니 속의 송곳이 되지 않아야" 한다는 조언과 "어른스럽게, 자연스럽게 굴어라" "눈치 없다" 같은 말들에 시달렸다.

시골에서는 평판이 매우 중요했다. 소위 '유지'라 불리는 이들의 평가 말이다. 그들이 내게 하는 "너는 이곳을 잘 몰라!" 따위의 말은 기존의 질서를 그대로 두고자 하는 말이고, 바꾸고 싶지 않다는 압력이었다. 당연히 기존의 질서에서 이익을 얻는 사람들에게만 유리한 태도다.

나는 이런 태도들의 원인은 정치를 위에서 아래로만 향하는 것이라는 무의식에 가까운 인식 때문이라고 생각한다. 정치는 아래에서 위로 향해야 한다. 그래야 촘촘한 민주주의, 삶의 고통을 어루만지는 민주주의를 시작할 수 있다.

지자체와 지역 정치에 관심을 가지니 할 수 있는 것도 보이는 것도 많았다. 무엇보다 당장 우리네 삶이 달라질 수 있다. 공천권 때문에 중앙 권력의 눈치를 보고, 중앙 권력의 이슈에 동원되고, 행사를 뛰고, 민원 해결이나 하는 것(민원 해결을 폄하하는 것이 아니라, 그것만 하고 있다는 뜻이다)을 정치라고 할 것이 아니다.

"박원호는 우리 지방정치의 비극은 사실 우리의

정당법이 '정당은 수도에 소재하는 중앙당과 특별시·광역시·도에 각각 소재하는 시·도당으로 구성한다(제3조)'고 선언한 순간 시작되었다고 말한다. '다르게 말하자면, 한국의 모든 정당들은 서울에 중앙당을 둔 전국정당만이 존재할 가치가 있으며, 이들만이 후보자들을 공천하고 국고보조금을 받을 수 있는 독점적인 지위를 부여받고 있는 것이다.'"[2]

    2023년 10월 4일 헌법재판소는 정당법 위헌법률심판·헌법소원심판에서 문제의 관련 조항, "정당은 수도에 소재하는 중앙당과 특별시·광역시·도에 각각 소재하는 시·도당으로 구성한다"라는 조항이 헌법에 위반되지 않는다고 판단했다.

    나는 이에 지방의원들이 반발하지 않는 것에 황당함을 느꼈다. 중앙 권력의 눈치를 봐야 하는 지방의원들의 현실을 반영한 것이라지만 입법 체계의 일원인 이 지방의원들은 스스로의 권리를 지키는 데도 무관심하거나 무능한 것 아닐까? 그렇다면 그런 사람들에게 지방의회를 맡긴 우리는 괜찮은가? 그럴

---

[2] **강준만, 같은 글.**

리가. 우리는 이미 괜찮지 않은 상황에서 살고 있다.

　한국 정치는 스스로 대안을 찾지 못한다. 그들이 그럴 수밖에 없는 이유는 그들 스스로가 개혁의 대상일 수 있기 때문이다. 그리고 또 다른 축인 수구 세력이 주도하는 정당은 민생을 외면하고 자신들의 이익만을 뻔뻔하게 밀어붙이는 사람들이 주도하고 있다.

　공천권을 둘러싼 눈치 싸움과 당내 세력 다툼, 지식인 남성, 그것도 소위 법률 전문가 집단인 사람이 주도하는 국회 구성도 문제다. 거대한 기득권이 모여 있는 지금 국회 내부에서 대안이 나오기는 힘들다.

　정치 이슈는 늘 이 거대 양당들에 의해 독점되고, 언제나 문제에서 비켜나 그들 입맛에 맞게 창조적으로 재해석되곤 했다. 작은 정당이 진입하기도, 진입 후 뭔가를 이루기도 어려운 구조다. 민의를 대변하겠다며 국회에서 꾸린 선거제도와 연금제도 개혁을 위한 500인 회의에서 내린 결론조차 담아내지 못하는 것이 현실이다.[3] 그래서 지역정당은 중요한 대안이 될 수 있다. 정치는 아래에서 위로 향해야 하니까.

3　국회 정치개혁특별위원회와 공영방송인 KBS에서 전국 규모로 기획한 선거제도 개혁을 위한 500인 회의(2023년 5월)와 국회 연금개혁특별위원회 산하 연금개혁 공론화 500인 회의(2024년 4월)를 말한다. 자세한 내용은 다음을 참조. 박소희, 〈숙의가 낳은 반전⋯ "비례대표 더 늘려야" 70%〉,《오마이뉴스》, 2023년 5월 14일, https://www.ohmynews.com/NWS_Web/View/at_pg.aspx?CNTN_CD=A0002927194.

먼 곳에서 온 편지

집에서 주로 내가 머무는 곳이 있다. 책상이자, 식탁이자, 놀이터인 곳인데, 필요한 거의 모든 것을 주변에 쌓아놓고 지낸다. 나는 몸이 머무는 곳에 마음이 머문다고 생각한다. 그 자리에 앉으면 가장 잘 보이는 곳에 먼 곳에서 보내온 친구의 엽서가 있다. 핀란드 탐페레에서 온 소중한 엽서다.

"핀란드는 기대보다 더 안전한 느낌의 나라이고, (생략) 기본권을 지키는 데 급급한 상황이 아닌 그 이상을 상상하기 좋은 나라 같아요."

나는 엽서를 볼 때마다 상상한다. 기대보다 더 안전한 느낌은 어떤 느낌일까? 기본권을 지키기에만 급급하지 않고, 그 이상을 상상할 수 있다는 건 또 어떤 걸까? 나는 이런 느낌을 알지 못한다.

내가 아는 것은 지금도 나쁘지만, 더 나쁜 상황으로 내몰리지 않으려는 몸부림이다. 사람들은 때로는 순응하지만, 그러나 모든 방향에서 할 수 있는 모든 방법으로 저항한다. 거리에서 외치거나 굶거나, 때로는 고공에 매달린다. 그러나 현실은 이른바 사회적 죽음, 산재로 인한 죽음이 일상이라 뉴스조차 되지 못한다. 국경, 도시, 담을 넘고 누군가는 생명력과

목숨을 갈아 넣는다. 우리는 그런 물건(이 된 사람)을
쓰고, 먹고, 입어야만 하는 구조에 산다. 때로는 그것을
알면서도 말이다. 생산과 노동자 없는 이익 구조는
불안정한 저임금 노동과 한몸이다. 삶과 노동이 극도로
불안하다. 일상에서 소비하는 물건들 대부분은 그런
식으로 나에게 온다.

　불안정한 저임금 노동은 가치를 평가절하당한
생명과 노동력의 재생산을 위한 돌봄과 살림 노동,
먹거리 생산 노동으로 지탱된다. 수입 농산물 등으로
먹거리 생산의 임무를 상당 부분 빼앗긴[4] 비도시
지자체들은 축제와 관광 개발을 명목으로 대기업과
지역 외부 자금을 끌어들여 개발에 집착한다. 그렇게
만들어진 대형 관광지에 임시직 아르바이트 노동으로
저렴하게 일하는 지역 주민이 있다.

　원래 노동은 돌봄, 생산과 노동력의 재생산을
위한 것이었다. 돈은 목적이 아니라 과정이고 일부분일
뿐이다. 비록 우리가 속한 사회생태계 때문에 깜빡하고

---

[4] 　식량 자급률은 한 국가의 전체 식량 소비량에서 자국산 식량이 차지하는 비율로, 국내 생산량 나누기 소비량으로 계산된다. 한국의 식량자급률은 1970년대 말에는 80퍼센트에 가까웠으나 우루과이 라운드 등 각종 경제개방을 계기로 점점 떨어지기 시작했다. 농림축산식품부는 2023년 7월 브리핑을 통해 2021년 44.4퍼센트인 식량자급률을 2027년까지 55.5퍼센트로 높이고 밀·콩 자급률도 각각 8.0퍼센트와 43.5퍼센트까지 상향하겠다고 밝혔다. 농림축산식품부, "2027년까지 식량자급률 55.5%로 끌어올린다", 〈대한민국 정책브리핑〉, 2022년 12월 22일, https://www.korea.kr/news/policyNewsView.do?newsId=148909725#policyNews.

있지만. 인간은 노동과 삶이 소외된 체제를 만들고 자신을 포함해 모든 생명을 지옥으로 내몰고 있다. 착취의 고리를 미처 알지 못하고 소비하게 된 후 느끼는 자괴감도. 가치 소비를 하기 위해 기꺼이 내는 돈도 실은 이미 만들어진 자본주의 사회생태계에서 살아가는 개인인 우리가 딱히 할 수 있는 일이 없어서다.

시골에서는 가치 소비조차도 할 수 없다. 대안 찾기들조차 도시에서 먼저 일어난다. 쓰레기가 대부분 포장에서 나온다는 생각으로 포장을 빼고 상품을 판매하는 제로 웨이스트 샵인 알맹상점이나, 먹거리, 에너지, 경제 자립도를 높여 자족적 도시를 지향하는 전환마을 운동도 도시에서 먼저 시작했다. 시골에도 알맹상점은 필요하고, 주민 주도의 공간 운동이나 전환마을 운동이 필요하고, 지역정당도 필요하다. 때때로 로컬푸드와 같은 의미 있는 운동이 생겨나기도 하지만, 주민이 먼저 나선 운동이 아닌 지자체 사업으로 꾸려진 곳들은 그 의미와 내용, 방법, 방향 모두가 엉망이 되곤 한다.

대안이라는 저항

나는 대안은 돈이 아니라 사람들의 마음이 움직이는 방향에서 나온다고 믿는다. 돈에 대한 집착과

의존을 낮추고, 가급적 먹거리와 생필품을 자급할 수 있다면 각자(사람과 동물을 포함한 생태계의 모든 존재)의 몸과 삶에 더 많은 자유를 줄 수 있지 않을까? 즉, 소비와 생산에 대한 자율권을 자본이 아니라 개인이 가져올 수 있는 사회생태계, 큰 기업형 생산 체계 대신 작고 분산된 생산 체계와 자급 구조의 보장은 어떨까?

나는 대안이 절실했다. 살기 위해 삶의 모든 방향에서, 모든 방법으로 저항해야 한다면, 우리에겐 '대안이라는 저항'도 필요하다. 그렇다면 대안은 어떤 것을 담고 있어야 할까? 목록을 만들어보기로 했다.

소비에 대한 자율권[5]: '추상적인 상품 체계 뒤에 있는 구체적인 사람을 재발견'하기
- 누가, 어떻게 만든 상품인지를 확인하고 부정의한 물건 구입하지 않기. 노동인권과 동물권 등을 중요하게 고려할 것.
- 이동 거리가 멀고 에너지를 많이 소비하는 물건을 구입할 때는 꼭 필요한지 스스로 세 번 이상 반복해서 물을 것.
- 순환과 지속가능성을 고려한 상품 구입하기.

---

5 마리아 미즈의 용어를 인용했다.

- 재래시장이나 중고 마켓에서 포장 없이 구입하기. 포장이 필요할 때는 용기를 챙겨갈 것.
- 먼저 중고나 주변에 누군가 쓰던 물건을 먼저 알아볼 것.

생산에 대한 자율권: '생산과정과 생산 결정에 대한 통제권' 찾아오기
- 가장 먼저 할 일은 생산의 규모와 양을 줄이는 것.
- 필요한 물건은 가급적 직접 생산하기.
- 먹거리에 대한 생산도 가깝고 작은 규모의 농장이나 텃밭에서 할 것. 혼자 또는 같이.
- 생산에 필요한 재료는 가급적 이미 있는 쓰임이 다한 물건들을 재활용, 새활용(업사이클링)할 것
- 생산을 위해 낭비되거나 희생되어야 할 것은 없는지 고려할 것.
- 생산과정이 즐거울 것.
- 예쁜 쓰레기나 순환하지 않고 지속가능하지 않은 물건은 생산하지 않기.

그리고 상상하기 좋은, 가능성이 있는 일상을 상상해보기로 했다.

상상하기 좋은, 가능성이 있는 일상

　나는 곧 시골로 간다. 물론 혼자 갈 수는 없다. 우리 모두에게는 친구들과 어울려 좋은 공동체를 만들 권리가 있으니까. 나와 친구들은 지자체의 도움으로 살고 싶은 마을을 찾았다. 우리는 그 마을의 빈집 몇 채를 얻어 우리가 원하는 구조로 개량할 수 있었다. 몇 년 전부터 일부 지자체에서부터 시작한 공동거주지 지원 프로그램 덕분이다. 우리들의 공동거주지에는 공동으로 일굴 수 있는 텃밭도 있다.

　공동거주지 프로그램은 귀촌이나 귀농을 원하는 사람들이 집을 구할 수 있도록 도와준다. 이 프로그램의 장점은 마을에 있는 빈집을 소개해주고 고쳐준다는 점이다. 설계부터 건축까지 이주할 사람의 의견을 반영할 수 있어서 더 좋다. 비용은 지자체가 50퍼센트, 국토부가 40퍼센트, 마을이 5퍼센트, 개인이 5퍼센트 부담한다. 이 점은 개선이 좀 필요하다. 돈이 없어도 집을 개조해서 이주할 수 있어야 하니까. 아무튼 우리는 이 프로그램으로 우리가 원하는 집을 지을 수 있었다. 우리가 부담할 비용은 함께 이주하기로 한 친구들이 각자 상황과 형편에 맞게 부담했다.

　우리는 함께 있고 싶지만 그렇다고 항상 같이 있고 싶지는 않았다. 또 텔레비전이나 냉장고, 책과 여러 도구를 개인이 가질 필요는 없다고 생각했다. 그래서 각자의 방과 공동의 부엌, 서재, 도서관, 미디어실, 세탁실, 생활에 필요한 것들을 직접 만들 수 있는 작업실, 그 작업실 옆에 다시 쓸 수 있는 쓰레기(주로 목재, 플라스틱과 의류 등)를 종류별로 모아 둔 재료 창고를 뒀다. 식량 창고와 도구 창고도 만들었다.

우리는 에너지도 자급하고 싶었다. 그래서 태양광 패널을 설치했다. 그것으로 난방과 조리, 조명을 해결한다. 물론 냉장고와 텔레비전, 컴퓨터에 쓰일 에너지도. 창고는 지형과 환경을 이용했다. 예를 들면, 언덕에 굴을 만들어 저온 저장고를 만들거나, 마을 입구에 있는 개천을 끌어와 연못을 만들고 연못을 이용해 논에 물을 댄다. 화장실에서는 오줌과 똥을 분리해 거름으로 만들고 거름을 활용해 텃밭을 일군다.

시골의 큰 장점은 먹거리를 우리가 직접 키울 수 있다는 점이다. 특히 부엌과 연결된 텃밭과 작은 논이라니! 그야말로 시골살이 로망 중 최고라고 할 수 있다. 우리는 텃밭 옆에 퇴비간을 만들어서, 버리는 음식물과 텃밭 부산물, 우리 몸에서 나온 똥을 잘 발효시킬 생각이다. 생활에 필요한 것을 가급적 직접 만들어 쓴다면 쓰레기를 줄일 수 있을 것이다.

쓰레기는 마을 입구에 있는 공동수거함에 분리해서 버리면 된다고 했다. 쓰레기봉투가 필요하지 않아서 좋다. 그래도 쓸 수 있는 건 최대한 재활용하거나 새활용하기 위해 노력한다.

우리 중에는 일자리를 가지고 싶지 않은 친구도 있다. 그는 논밭에서 일하고, 당번제로 부엌일을 하고, 마을 회의에 참석하고, 우리가 속한 행정복지센터에서 열리는 회의에 나가 의견을 내고, 우리에게 필요한 더 좋은 정책을 만드는 데 동참할 것이다. 이런 일들을 하는 데는 시간과 마음, 노동이 필요하다. 괜찮다. 우리에겐 시골 주민을 위한 기본소득이 있으니까. 그는 월 60만 원씩 모두에게 지급되는 기본소득이면 생활하기 충분하다고 생각한다.

또 우리 중에는 돈이 더 필요한 친구도 있다. 일자리가 필요한 친구에게는 '마을건강지기' 정책 사업에 따라 일자리가 주어졌다. 우리 마을에 있는 홀로 지내는 고령의 어르신들, 장애인 등 도움이 필요한 사람들을 돌보는 일자리다. 마을 집집마다 다니면서 산책을 도와드리고, 책도 읽어드리고, 대화 친구도 되어드리는 좋은 일이다.

우리는 기후재난에 깊이 공감하기 때문에 자동차를 소유하지 않기로 했다. 다행히 몇 년 전과 달리 시골 대중교통은 다양하고 편리하다. 무엇보다 공짜다. 가장 마음에 드는 건 마을마다 옆 마을로 이동할 수 있는 보행로가 연결되어 있다는 점이다. 집을 짓는 기간에 다니러 갈 때마다 우리는 그 길로 산책을 즐길 수 있었다. 자전거 도로도 잘되어 있다. 자동차가 다니는 도로와 완전히 분리되어 있어서 안전하다. 전 군민 자전거보험도 있어서 혹시 모를 사고에도 비용 걱정은 안 해도 된다.[6] 마을 대중교통 정류소에는 각종 탈것이 이용할 사람들을 기다린다. 이용을 원하는 사람은 '대중교통지기'에게 이야기하면 된다. 대중교통 이용자들의 안전과 편리를 위해 군에서 마련한 공공형 일자리다. 한 달에 한 번 군의회에서 열리는 '대중교통운영위원회'에 주민 대표로 참석하기도 한다.

또 한 친구는 마을 활동가가 되고 싶다고 했다. 그는 마을에서 일어나는 각종 '문제'를 언론에 제보하고, 마을 사람들을 만나 도움이나 이해를 구하고, 교육하고, 군의회나 군수, 공무원을 만날 것이다. 그에겐 늘 서류가 산더미처럼 쌓이겠지만, 그는 투덜거리면서도 매의 눈으로 그 서류들을 검토할 것이다. 아마 잘해낼 수 있을 것이다.

나는 뭘 할 생각이냐고? 나는 책을 보거나, 글을 쓸 생각이다. 물론 당번제로 돌아가는 살림도 하고 논밭도 돌보면서. 때때로 필요한 생활재들을 만들기도

---

6   이 제도는 실제로 있다. 전 군민 자전거보험은 군민이 자전거를 타다가 사고가 났을 때 치료비 등을 지급하는 보험금을 군에서 가입해 군민이 이용할 수 있도록 한 것이다. 물론 자전거 도로가 분리되어 있지는 않지만, 이 제도를 모르는 사람도 많다.

할 것이다. 생활에 필요한 것을 직접 만드는 일은 내가 쓸 글에 도움이 된다. 나는 더 좋은 삶을 상상하기를 멈추지 않고, 여기저기 기웃거리고 왜냐고 질문할 것이다. 그리고 글을 쓰겠지. 기본소득이 있어서 다행이다.

　물론, 이 모든 것은 상상이다. 지금 내가 상상해낼 수 있는 최선의 상상이다. 언젠가 이 상상이 현실이 되고 이보다 더 좋은 삶을 상상할 수 있었으면 좋겠다. 우리의 상상이 곧 길이 될 수 있다면, 이 상상이 앞으로 우리가 살아갈 미래이기를 바란다.